ANNA VOCINO

Das HAPPINESS KOCHBUCH

ANNA VOCINO

Das HAPPINESS KOCHBUCH

GLÜCKLICH GENIESSEN bei Nahrungsmittelintoleranz
GLUTENFREI und ohne raffinierten Zucker

Unimedica

Impressum

Anna Vocino
Das HAPPINESS KOCHBUCH
Glücklich genießen bei Nahrungsmittelintoleranz
Glutenfrei und ohne raffinierten Zucker
1. deutsche Auflage 2018
ISBN: 978-3-96257-046-0

Titel der Originalausgabe:
EAT HAPPY
Gluten Free, Grain Free, Low Carb Recipes For A Joyful Life

Übersetzung aus dem Englischen: Alice von Canstein
Layout: Anna Vocino
Satz: Marie-Katharina Wölk
Coverlayout: Linda Brummack
Coverabbildungen Vorderseite © Yanavurat Phugongchana – shutterstock.com,
Rückseite Rezeptfotos © Anna Vocino, Autorenfoto © Joanna Degeneres
Abbildungen Inhalt: S. 1 © Andrea Anders, S. 249 © Matt Kelley, alle weiteren Abbildungen © Anna Vocino

Herausgeber:
Unimedica im Narayana Verlag GmbH, Blumenplatz 2, 79400 Kandern
Tel.: +49 7626 974 970-0
E-Mail: info@unimedica.de
www.unimedica.de

Ein paar Worte vorweg ...

Die Rezepte in diesem Kochbuch enthalten echte, vollwertige Lebensmittel. Selbstverständlich sollen sie keine Form der „Diät" darstellen, sondern sind nur eine Ernährungsweise, die mit nur wenigen verarbeiteten Lebensmitteln auskommt. Ich gebe in diesem Buch keinen medizinischen Rat. Schließlich weiß ich nicht, wie Ihr Körper optimal funktioniert, darum müssen Sie selbst entscheiden. Ich gehe davon aus, dass Sie Gerichte ohne Zucker und Getreide kochen möchten. So wie bei jedem neuen Rezept sollten Sie die Zutatenliste sorgsam studieren und Ihren Arzt oder Ernährungsberater fragen, falls Sie an einer Lebensmittelallergie oder einer Krankheit leiden.

Widmung

Für meine Mutter, die mir beigebracht hat, wie man abwäscht, seine Küche ausstattet und Gewürze einkauft. Sie war Pastorin in einer evangelisch-methodistischen Kirche, weshalb ich viel Zeit bei Buffets und Picknicks mit der Gemeinde verbrachte. Es gibt kaum eine bessere Gelegenheit, zu lernen, wie man isst! Meine Mutter gab wirklich ihr Bestes, mir die bestmögliche Erziehung angedeihen zu lassen. Sehr oft hat sie sich dafür entschuldigt, die Krankheit Zöliakie an mich weitergegeben zu haben. Aber ohne das Geschenk der Zöliakie hätte ich mich nie auf die Reise zu einer besseren Gesundheit gemacht. Darum danke ich dir, Mom. Für alles.

Danksagung

Ein großer Dank gilt all den Menschen, die mir in den Hintern getreten haben – ohne sie bestünde dieses Kochbuch immer noch nur aus wahllos zusammengewürfelten Blog-Einträgen und leeren Versprechungen. Jackie Fogel, Torri Anders, Daniele Passantino: Ihr drei habt unzählige Stunden in der Küche und im Laden verbracht und, was noch wichtiger ist, dafür gesorgt, dass ich am Ball geblieben bin, obwohl ich mindestens 6.000 Mal aufhören wollte.

Ich danke meinen wunderbaren Freunden und Familienmitgliedern, die mich inspirierten und ihre eigenen Rezepte beitrugen: Jackie, Torri und Daniele auch hier wieder sowie Andrea Anders, Minnie Driver, Diane Evans, Leslie Tarquinio, Adrian Tarquinio und Joann Neil.

Danke, Matt Kelley, dass du mich in Sachen Fotografie so unterstützt und beraten hast. Nur ein wahrer Freund fährt mit einem im strömenden Regen den ganzen Weg bis nach Pasadena, um sicherzugehen, dass man im Kamerageschäft das richtige Gerät kauft.

Mein Dank gilt Karina Allrich, deren toller Blog mich dazu inspiriert hat, sie aufzuspüren und persönlich zu treffen – um dann auf einen wunderbaren Menschen zu treffen, der mir geholfen und mich inspiriert hat, auch wenn sie nicht wusste, was sie tat.

Danke, Jessica Gottlieb, für deine fortwährende Unterstützung, dein Wissen, deinen Rat und deine Großzügigkeit. Ich habe frühzeitig begriffen, dass es das Klügste war, was ich tun konnte, mich von dir herumkommandieren zu lassen.

Vielen Dank, Bree Melanson und Sarah Blondin, die dafür gesorgt haben, dass ich fokussiert blieb und mich ständig an meine Verantwortlichkeit erinnert haben. Auch wenn ihr die Dreistigkeit besitzt, mit mir von Orten aus zu skypen, die deutlich schöner sind als North Hollywood.

Ein großer Dank geht an Vinnie Tortorich, der mich angeblafft hat, ich solle endlich dieses Kochbuch schreiben. Wer hätte gedacht, dass wir so ein witziges Team abgeben würden, als du mich 2012 überredet hast, mit dir zusammen einen Podcast zu machen? Ich liebe die Zeit, die wir mit und ohne Mikrofon zusammen verbringen, und ich fühle mich geehrt, zu deinen Freunden zu gehören.

Danke auch an alle Leser meines Blogs und Hörers des Podcasts. Ihr habt mich so sehr über die sozialen Medien dazu gedrängt, dieses Buch fertig zu bekommen, dass die Produktionszeit dadurch um die Hälfte verkürzt wurde, ganz ehrlich. Ohne eure liebevollen Anstupser hätte ich dafür wohl neun Jahre gebraucht.

Danke an meine Ernährungsgurus/Seelenschwestern: Haven Long, Jenny Andrews und Nancy Carithers. Ihr drei habt mir beigebracht, dass ich mich viel mehr darum kümmern sollte, was genau ich meinem Körper zukommen lasse, und dass ich außerdem herausfinden muss, wie ich das Ganze dann zubereite.

Ich danke all meinen Lieben, die mich im Gleichgewicht halten, mich motivieren und immer ein offenes Ohr für mich haben: alle oben Genannten sowie Jeannie Hayden, Nancy Wolfson, Lindsay Thompson und Sarah Baker. Ihr würdet einen wahrhaft tollen Hexenzirkel abgeben!

Ich danke meiner ganzen Familie, insbesondere den zwei Lieben meines Lebens: Loren Tarquinio und Lucy Tarquinio, auch bekannt als das Ultimative Support-System. Loren ist der beste Rezepttester auf Erden; ich kenne wirklich niemanden, der erstens so viel essen kann wie du und zweitens Frauen (zumindest mich) ständig dazu bringt, für ihn zu kochen. Lucy, du bist mein Wundermädchen, das mich die Art von Mutter sein lässt, die verrückte Dinge tut wie Comedy, Podcasts und ein Kochbuch zu schreiben. Danke, dass du mich mit deiner Kreativität, deinem Selbstempfinden und deiner frischen Perspektive inspirierst. Du bist meine Heldin.

Inhalt

Meine Geschichte 1

Warum Sie auf Zucker und Getreide verzichten sollten 4

Unverzichtbares in Vorratskammer und Kühlschrank 7

Kapitel eins: Vorspeisen und Snacks 11

Kapitel zwei: Hauptgerichte 39

Kapitel drei: Suppen, Aufläufe und Rezepte für den Schongarer 111

Kapitel vier: Beilagen 141

Kapitel fünf: Soßen, Marinaden und Dressings 185

Kapitel sechs: Frühstück 201

Kapitel sieben: Desserts 223

Index 244

Über die Autorin 249

Bezugsquellen 249

Meine Geschichte

Als 1999 meine Tochter Lucy geboren wurde, ging ich das allererste Mal zu einem „alternativen" Arzt. Das war ein Chiropraktiker, der mithilfe von Muskeltests herausfand, welche Lebensmittel mir Probleme bereiteten. Ich weiß, das hört sich verrückt an, aber er erklärte mir, mein Körper würde kein Gluten vertragen und ich sollte, wenn möglich, meiner Tochter keine billige, gekaufte Babynahrung geben. Ich hatte noch nie von Gluten gehört und dachte, er sei verrückt. Außerdem riet er mir, 60 Tage lang auf Zucker und Milchprodukte zu verzichten. Zum ersten Mal in meinem Leben wurden meine Allergien besser! Natürlich war meine erste Frage, als er mir sagte, ich solle komplett auf Gluten, Milchprodukte und Zucker verzichten: „Und was soll ich dann überhaupt noch essen?" Zwar waren die Methoden dieses Arztes vielleicht nicht ganz üblich, aber zumindest dachte ich zum ersten Mal darüber nach, dass das Essen, das ich zu mir nehme, einen Einfluss auf meine Gesundheit haben könnte.

Ich spule zwei Jahre vor: Ich lebte in Los Angeles, wo man Muskeltests und alternative Ärzte an jeder Straßenecke direkt neben Nagelsalons findet. Eines Tages rief mich meine Mutter an. Ihr Leben lang litt sie schon unter Depressionen, Hautausschlägen und Blutarmut, und neuerdings bekam sie regelmäßig Bluttransfusionen, weil sie selbst nicht ausreichend Blut produzieren konnte. Und in jenem Telefonat erzählte sie mir, man hätte herausgefunden, dass all diese Probleme auf eine Autoimmunerkrankung namens Zöliakie zurückzuführen seien. Weiterhin erklärte sie mir: „Das ist vererbbar. Du musst dich unbedingt testen lassen." Es war mir nie in den Sinn gekommen, dass ich das Gleiche haben könnte. Ich war doch gesund und strotzte vor Energie wie jeder mit 28 Jahren, oder etwa nicht? Wie sich herausstellte, hatte ich Zöliakie, und erst als ich mich vollkommen glutenfrei ernährte, besserten sich einige meiner chronischen Beschwerden. Das waren Beschwerden, die ich einfach als Teil des Lebens angesehen hatte:

Allergien, Asthma, Bauchschmerzen, Blähungen, Durchfall … lauter spaßige Sachen, STIMMT'S???

Ich war begeistert, als ich in so jungen Jahren erfuhr, dass ich verhindern konnte, mein Leben lang Beschwerden zu haben und chronisch krank zu sein, indem ich einfach nur auf Gluten verzichtete. Doch auf der anderen Seite war ich auch traurig, dass ich nicht mehr wie die anderen Menschen „Leckereien" genießen konnte …

Plätzchen, Kuchen, Pasta, Bagels, Pizza … Also wollte ich unbedingt glutenfreie Varianten all meiner Lieblingsspeisen finden. Mit diesem Hintergedanken begann ich einen glutenfreien Rezept-Blog: Wir machen Donuts und Lasagne, denen niemand anmerkt, dass sie glutenfrei sind! Hört sich nach einer fabelhaften Idee an, oder?

Obwohl ich mir größte Mühe gab, nahm ich immer weiter an Gewicht zu. Einer der Vorteile der Zöliakie war gewesen, dass ich nie richtig viel Essen verdaut hatte, sodass ich im Grunde essen konnte, was ich wollte, und immer noch Größe 34 hatte. Aber die Nachteile überwogen die Vorteile bei Weitem. Sobald mein Körper anfing, Essen und Nahrungsmittel aufzunehmen, nahm ich an Gewicht zu. Und nahm zu und zu und zu. Mir kam es vor, als hätte ich immer 15 Pfund zu viel auf den Rippen, und ich fühlte mich in meiner eigenen Haut nicht mehr wohl. Ich probierte es mit Weight Watchers, aber nach zwei Tagen hatte ich so großen Hunger, dass ich aufgab. Ich machte so gut wie jeden Diätwahnsinn mit – die Master-Cleanse-Diät, die Kohlsuppendiät, die Zone-Diät, South-Beach-Diät … Ich habe sogar die Atkins-Diät ausprobiert, aber nach drei Tagen abgebrochen, weil ich einfach nicht all das Fleisch und den Speck herunterkriegen konnte (bäh, allein schon, wenn ich Atkins höre, möchte ich ganz viel Gemüse essen).

Ich dachte, ich müsste mir einfach nur immer das neueste Diätbuch kaufen, etwas mehr Sport machen, etwas mehr hungern und würde dann irgendwann schon an Gewicht verlieren. Ich nahm allerdings nur drei oder fünf Pfund ab und gab dann auf, weil ich einfach nicht die Willensstärke besaß, irgendetwas durchzuhalten. Also fing ich wieder an, mein Lieblingsessen zu kochen. Die Fotos davon postete ich in meinem Blog, veröffentlichte darin aber niemals ein Foto von mir selbst.

Doch dann bat mich im April 2012 Vinnie Tortorich, sein unveröffentlichtes Buch „Fitness Confidential" zu lesen. Ich war fasziniert von seinen irrsinnig komischen Geschichten und den bewegenden Erfahrungen, die er im Leben gemacht hatte. Merkwürdig fand ich allerdings, dass er schrieb, man solle keinen Zucker und kein Getreide zu sich nehmen. Ich fand das übertrieben, auch wenn ich irgendwo im Hinterstübchen schon wusste, dass es funktionieren würde. Sechs Monate lang versuchte ich eher halbherzig, auf Zucker und Getreide zu verzichten, doch am 6. November 2012 tat ich es dann wirklich. Es dauerte fast ein Jahr, bis diese Ernährungsweise keine vorübergehende Diät mehr, sondern mein Lebensstil und für mich wie selbstverständlich geworden war. Jetzt fällt es mir sehr leicht, auf Zucker und Getreide zu verzichten. Ich vermisse beides kaum, und wenn ich eine Leckerei genießen möchte, achte ich darauf, nur meine selbst gemachten Köstlichkeiten mit hochwertigen Zutaten zu naschen. Meine Geschmacksknospen sind jetzt hellwach und zu neuem Leben erwacht. Und was es körperlich für mich gebracht hat, auf Gluten zu verzichten, kann ich hier gar nicht alles aufzählen.

Ich habe begriffen, wie wichtig es ist, gesundes, vollwertiges Essen zu sich zu nehmen, ohne dafür den ganzen Tag in der Küche stehen zu müssen. Ich bin eine berufstätige Mutter, die auch noch gerne ein gesellschaftliches Leben hat. Darum brauche ich Rezepte, die für die ganze Familie geeignet, aber leicht zu machen sind. Außerdem müssen die Gerichte auch noch als Reste gut schmecken, denn wer hat schon die Zeit, für jede einzelne Mahlzeit neu zu kochen? Ich habe diese Rezepte in den vergangenen zwei Jahren kreiert und mehrfach getestet. Alle Rezepte dieses Kochbuchs kommen direkt aus meiner Küche zu Ihnen und es sind die gleichen Gerichte, die ich täglich koche, um abzunehmen, mich gesund zu fühlen und vor allem, um mich glücklich zu essen.

Nachdem ich 2014 und 2015 jeden bekannten Labortest gemacht habe, der für Menschen mit Zöliakie empfohlen wird, wurde herausgefunden, dass bei mir auch Milchprodukte, Eier und Sesam zu einer Autoimmunreaktion führen. Darum bastele ich noch an der für mich perfekten Ernährung, nachdem ich diese Rezepte niedergeschrieben habe. Manche Menschen vertragen Milchprodukte, andere nicht (für mich gilt momentan: keine Milchprodukte), und viele dieser Rezepte können an eine milchproduktfreie Ernährung angepasst werden. Mein nächstes Buch wird zucker-, getreide- und milchproduktfreie Rezepte enthalten, für all diejenigen, die begriffen haben, wie gesund eine zucker- und getreidefreie Ernährung ist, aber dass unser Körper uns manchmal sagt, dass wir noch einen Schritt weitergehen müssen, um uns richtig wohlzufühlen. Falls Sie bereits auf Zucker und Getreide verzichten, aber dennoch an einer Autoimmun- oder hormonell bedingten Erkrankung leiden, rate ich Ihnen dringend dazu, sich Ihre Ernährung noch genauer anzuschauen. Mehr über unseren Körper zu erfahren, bevor wir krank werden, ist die ganze Selbsterforschung wert. Und wenn ich dazu mit ein paar köstlichen Rezepten beitragen kann, dann können wir uns alle gemeinsam glücklich essen!

Alles Liebe, Ihre Anna

Warum Sie auf Zucker und Getreide verzichten sollten

Es gibt Millionen wissenschaftlicher Bücher, in denen von klugen Menschen erklärt wird, welchen Schaden wir uns seit Jahren durch den Konsum von Lebensmitteln mit verarbeitetem Zucker, Getreide und Gluten zufügen. Sie sollten welche davon lesen, um Ihre Ernährung mit anderen Augen zu sehen, und anschließend mithilfe dieses Kochbuchs Ihre neue Ernährungsweise umsetzen.

Was Sie von diesem Buch erwarten können: Ich werde Ihnen zeigen, wie Sie Ihre Küche ausmisten, den Vorratsschrank neu auffüllen und all die Gerichte einkaufen, planen und kochen, mit denen Sie Zucker oder Getreide KEIN STÜCK vermissen werden. In diesem Buch finden Sie auch jede Menge Rezepte für gemüselastige und proteinreiche Gerichte, für die toll schmeckende Fette verwendet werden, damit Sie ganz sicher sein können, dass Sie gut essen und auch satt werden. Experimentieren Sie ruhig mit den Rezepten, tauschen Sie die Proteine aus, nehmen Sie alle Zutaten, die Sie gern mögen, und haben Sie einfach Spaß in der Küche. Wenn Ihnen gerade die Zwiebeln ausgegangen sind, nehmen Sie stattdessen Knoblauch, und umgekehrt. Und bitte schreiben Sie mir eine E-Mail und erzählen Sie mir von Ihren Erfolgen. Dieses Buch soll als Anregung dienen, damit Sie mit Spaß und Kreativität nahrhafte Gerichte für sich und Ihre Familie zaubern.

Was dieses Buch NICHT ist: Dieses Buch ist kein Diätbuch. Sie werden nicht lernen, auf die Portionsgrößen zu achten oder Kalorien zu zählen. Das Einzige, was hier zählt, ist Ihr Glücksgefühl, wenn Sie die richtigen Nahrungsmittel zu sich nehmen. Ich vertraue darauf, dass Sie erwachsen genug sind, um zu spüren, ob Sie Hunger haben, und umgekehrt, zu wissen, wann Sie satt sind. Wenn Sie keinen Zucker und kein Getreide zu sich nehmen, müssen Sie nichts zählen oder abmessen, sondern nur merken, ob Sie Hunger haben – und auch nur dann essen; anschließend müssen Sie nur noch spüren, wann Sie satt sind, und zu essen aufhören. Für manche Menschen ist es tatsächlich etwas revolutionär Neues, auf den eigenen Hungerinstinkt zu hören. Ich verspreche Ihnen, wenn Sie erst einmal den ganzen verarbeiteten Mist von Ihrer Einkaufsliste gestrichen haben und stattdessen gesunde Fette und richtige Nahrungsmittel zu sich nehmen, werden Sie sich wie ein ganz neuer Mensch fühlen. Wenn man nicht nur das, was man isst, sondern auch seinen eigenen Körper kontrollieren kann, ist das eins der schönsten Gefühle überhaupt!

Eine Anmerkung zu Süßkram:

Ich kenne einige kohlenhydratarme Diäten, die Süßstoff empfehlen, um den Heißhunger auf Süßes zu unterdrücken. In meinen Rezepten werden keine Süßstoffe verwendet. Einziger Zweck dieses Buches ist, Ihnen zu zeigen, wie Sie echte, vollwertige Lebensmittel verarbeiten und konsumieren. Ich möchte, dass Sie wissen, wie es sich anfühlt, wenn Sie ein paar Wochen lang nichts Süßes und Verarbeitetes gegessen haben. Wenn Sie sich darauf einlassen, achten Sie darauf, dass Sie gerade in keiner besonders stressreichen Phase sind, denn bei Stress isst man eher Junkfood mit ungesunden Zutaten, die dafür sorgen, dass man sich hinterher körperlich UND emotional leer fühlt.

Achten Sie darauf, dass Sie das Leben genießen. Machen Sie Ihre Naschereien zu etwas Besonderem und es sich außerdem zur täglichen Gewohnheit, echte, vollwertige Nahrungsmittel zu sich zu nehmen. Die Süße einer Erdbeere können Sie erst dann richtig schmecken, wenn Sie eine Zeit lang keinen raffinierten Zucker konsumiert haben. Dann wird die Erdbeere so unglaublich süß schmecken und Sie hätten nie gedacht, dass Obst so gut schmecken kann. Sie werden denken, der Barista hätte Zucker in Ihren Kaffee geschüttet, wenn Sie zum ersten Mal den Geschmack von Sahne richtig wahrnehmen. Ihre Sucht nach Zucker wird ein für alle Mal der Vergangenheit angehören und Sie werden sich über die Freiheit freuen, nur wirklich nahrhafte Nahrungsmittel zu sich nehmen zu können.

Ein paar der Rezepte im Dessertteil enthalten natürliche Süßungsmittel. Ich habe meine Rezepte unzählige Male überarbeitet und verfeinert, damit die orgiastischen Rezepte im Dessertteil so WENIG Zucker wie nötig enthalten, aber dennoch gut funktionieren (und auch noch richtig dekadent schmecken). Wenn Sie auf Zucker und Getreide verzichten, ist ein selbst gemachtes getreidefreies Dessert eine Köstlichkeit, die Ihre Fortschritte nicht durchkreuzt.

Eine Anmerkung zu Olivenöl:

Wenn Sie auch nur das mindeste Interesse an Lebensmitteln haben, wird Sie das, was ich Ihnen jetzt sagen muss, schockieren. Laut einer jährlichen Studie an der University of California, Davis, sind 69 Prozent des in US-amerikanischen Supermärkten verkauften Olivenöls kein hundertprozentiges Olivenöl, sondern wurden gepanscht. Das bedeutet, dass unser geliebtes Olivenöl, das goldgrüne Elixier, das den Kern und die Grundlage vieler unserer Mahlzeiten bildet, mit preiswerteren Ölen, wie zum Beispiel Baumwollsaatöl, Rapsöl, Sonnenblumenkernöl und Distelöl, vermischt und manchmal sogar mit Chemikalien behandelt wurde, um den Geruch zu tilgen oder das Öl zu färben, damit man nicht mehr erkennt, dass es KEIN ECHTES OLIVENÖL ist.

Wenn ich sage, Sie sollen Olivenöl verwenden, dann meine ich damit das richtig gute Öl. Es gibt gute italienische Marken mit DOP-Siegel (Denominazione di Origine Protetta), tolle Marken aus Kalifornien, Frankreich, Spanien, Griechenland, dem Mittleren Osten und Afrika, aber Sie müssen ein wenig danach suchen. Ich liebe mein „Villa Cappelli"-Olivenöl, weil ich dort auf dem Landgut war und mit eigenen Augen gesehen habe, wie das Öl hergestellt wird. Nehmen Sie nicht einfach die erstbeste, schön aussehende Flasche Olivenöl aus dem Supermarktregal, sondern schauen Sie genau hin. Kaufen Sie nicht das preiswerteste Olivenöl oder eines, das als „leicht" angepriesen wird, denn das ist nur die Sprache der Lebensmittelhändler für: „Dieses Öl wurde mit billigem, schlechterem Öl gepanscht, damit wir Geld sparen, aber wir lassen Sie im Glauben, wir täten das nur zu Ihrem Wohl."

Wenn ich in diesem Buch schreibe, Sie sollen Olivenöl verwenden, dann meine ich gutes, qualitativ hochwertiges, hundertprozentiges Natives Olivenöl extra. Sollten Sie ein anderes, gutes Öl bevorzugen, können Sie genauso gut Nussöle oder Kokosnuss- oder Avocadoöl verwenden, wobei hinsichtlich der Qualität die gleichen Regeln gelten. Wie meine Freundin Torri immer sagt: „Trefft die richtige Wahl!"

Eine Anmerkung zu Sojasoße:

Bei den meisten Sojasoßen wird in der Zutatenliste an zweiter Stelle Weizen angegeben. Ich vertrage keinen Weizen, weil ich an Zöliakie leide. Und ich möchte gar nicht erst aufzählen, welche Gerichte ich alle nicht in Asia-Restaurants essen kann, die nicht mit glutenfreier Sojasoße kochen. Wenn in diesem Buch in einem Rezept etwas von Sojasoße steht, dann nehme ich immer weizenfreie Tamari oder glutenfreie Sojasoße. Und zwar jedes Mal und ohne Ausnahme. Das sollten Sie ebenfalls so machen, wenn Sie an einer Glutenunverträglichkeit oder an Zöliakie leiden.

Eine Anmerkung zu genussvollem Essen:

Der Titel dieses Buches lautet nicht „DAS HAPPINESS KOCHBUCH, verdammt noch mal, und das schaffen Sie nur, wenn Sie sich genauso ernähren, wie ich es Ihnen sage". Nein, er heißt DAS HAPPINESS KOCHBUCH, weil ich möchte, dass Sie herausfinden, was Sie gerne essen, um glücklich zu sein. Ich möchte nicht, dass Sie jedes Gramm Kohlenhydrate oder Fett zählen müssen – und wenn wir schon dabei sind: auch keine Milligramm oder Kalorien. Ich möchte, dass Sie Ihr Gehirn so umprogrammieren, dass Sie mit Freude wieder echte, vollwertige Lebensmittel zu sich nehmen, merken, wann Sie satt sind, und ein Leben ohne die Fesseln einer Diät genießen.

Für den Fall, dass Sie sich ohne Milchprodukte besser fühlen, finden Sie in diesem Buch zahlreiche milchproduktfreie Rezepte sowie noch viele weitere, bei denen Sie die Milchprodukte problemlos durch andere Zutaten austauschen können. Wenn Sie bestimmte Nüsse nicht essen, ist das auch kein Problem. Ich bin allergisch gegen Makadamianüsse, darum finden Sie keine Rezepte mit Makadamianüssen in DAS HAPPINESS KOCHBUCH. Wenn Sie aber Makadamianüsse statt der angegebenen Nüsse verwenden wollen, können Sie das problemlos tun.

Hier ist nichts in Stein gemeißelt. Geben Sie einfach Ihr Bestes mit dem, was in Ihrem Kühlschrank ist. Kaufen Sie die bestmöglichen Zutaten, die Sie bekommen können, und genießen Sie es, mit der Familie und Freunden zu kochen. Rezepte entwickeln sich ständig und ich empfehle Ihnen, die angegebenen Zutaten auch mal durch andere zu ersetzen, die Sie gerne mögen. Bitte mailen Sie mir dann ein Bild, denn ich möchte so gerne sehen, zu was ich die Menschen inspiriere.

Unverzichtbares in Vorratskammer und Kühlschrank

Die folgenden zwei Listen sind Einkaufslisten, auf denen die meisten Zutaten stehen, die in diesem Kochbuch immer wieder vorkommen. Die Zutaten für die Vorratskammer können Sie ruhig nach und nach kaufen, denn sie sind meist teurer, reichen dafür aber für mehrere Mahlzeiten. Die leicht verderblichen Zutaten sind in der zweiten Liste aufgeführt, die Ihnen eine Idee vermitteln soll, wie Ihre wöchentliche Einkaufsliste aussehen könnte, sodass Sie einige der Rezepte in diesem Buch kochen können.

Hinweis: Sofern es Ihnen finanziell möglich ist und die Zutaten erhältlich sind, sollten Sie immer Bio-Obst und -Gemüse, Freilandgeflügel und -eier, Wildlachs und Weidefleisch kaufen. Es kann nicht schaden, nicht allzu viele Pestizide, GMOs (gentechnisch modifizierte Organismen), Hormone, Antibiotika, Zusatz- und Füllstoffe und anderes, das unser Essen unnatürlich sein lässt, zu konsumieren.

Unverzichtbares in der Vorratskammer

Hühnerbouillon und/oder -brühe (Sie können sie auch selbst kochen und einfrieren)

Rohe Mandeln

Mandelmehl

Kokosmehl

Kokosflocken

Kokosnussöl

Schokoladentafeln

Glutenfreie Sojasoße oder Tamari

Meersalz

Pfeffermühle

Knoblauchpulver

Zwiebelpulver

Chilipulver

Kreuzkümmel

Zimt

Chinesisches Fünf-Gewürze-Pulver

Getrocknetes Basilikum

Getrockneter Thymian

Getrockneter Oregano

Balsamicoessig

Dijonsenf

Olivenöl (kaufen Sie ein gutes Natives Olivenöl extra)

Reisweinessig

Champagneressig

Rotweinessig

Kokosnussmilch in Dosen

Tomaten, gewürfelt, in Dosen

Tomatenmark

Wenn Sie mögen, ein paar Sorten Bohnen (ich mag Cannellini-Bohnen, schwarze Bohnen, Linsen und Pintobohnen)

Was in den Kühlschrank sollte

Ihr Lieblingssalat (ich mag am liebsten rotblättrigen Salat und Kopfsalat)

Brokkoli

Spinat

Grünkohl

Zucchini

Blumenkohl

Zwiebeln

Paprikaschoten (ich nehme meist die Tüten mit den kleinen Paprikas, die so leicht zu schneiden und zu kochen sind)

Vollmilch

Schlagsahne

Crème fraîche

Frischkäse

Kokosnuss- oder Mandelmilch für die, die sich milchproduktfrei ernähren

Eine große Ecke frischen Parmesans

Eier

Speck, Prosciutto und/oder Salami

Äpfel, Pfirsiche, Birnen

Beeren (frisch, wenn sie gerade Saison haben, eingefroren, wenn nicht)

Ihre liebste Proteinquelle: Hühnchen, Schweinefleisch, Fisch etc.

Avocados

Zitronen und Limetten

Tomaten

Frische Kräuter: Basilikum, Salbei, Thymian, Rosmarin, Minze, Koriander etc.

Wow, das ist eine lange Einkaufsliste. Okay, Sie müssen ja nicht alles auf einmal kaufen. Wenn Sie sich unter www.annavocino.com registrieren, erhalten Sie weitere Rezepte, einen vierwöchigen Plan mit Rezeptvorschlägen aus DAS HAPPINESS KOCHBUCH und weitere Einkaufstipps und Extras (auf Englisch).

Izzy, das Italienische Windspiel, möchte auch gerne ein paar Bliny mit geräuchertem Lachs

Kapitel eins: Vorspeisen und Snacks

Super Guac! ... 12

Geräucherter Lachs mit Kokosmehl-Blinys ... 14

Pfirsiche im Prosciutto-Mantel ... 17

Käsechips ... 18

Zaziki-Dip ... 19

Pitachips aus Mandelmehl ... 20

Mit Wurst gefüllte Pilze ... 21

Tapenade aus Kalamata-Oliven ... 23

Käseplätzchen/Käsestangen ...24

Grünkohlchips ... 25

Russische Eier mit griechischem Joghurt... 26

Mit Käse gefüllte Mini-Paprika ... 27

Brokkoli-Dip ... 29

Datteln im Speckmantel ... 31

Hähnchen-Käse-Dip ... 32

Mangosalsa ... 33

Hummus mit roter Paprika ... 35

Käseball ... 37

Super Guac!

(ergibt 4–8 Portionen)

4–6 Avocados
1 kleine Strauchtomate, gewürfelt
Saft von 1 Limette
2 EL Koriander, fein gehackt
1 kleine Schalotte, fein gehackt
1/2 Serrano-Chili, fein gewürfelt
Salz und Pfeffer nach Geschmack

Alle Zutaten miteinander vermischen, indem Sie sie erst mit einem Spatel unterheben und dann verrühren, aber nicht „übermischen“. Sie können die Zutaten nach Belieben gegen andere austauschen – Jalapeño statt Serrano-Chili, weniger Koriander, je nachdem, wie Sie die Guacamole am liebsten haben. Wenn Sie keine Limette im Haus haben, können Sie auch Zitronensaft verwenden.

Geräucherter Lachs mit Kokosmehl-Blinys

(ergibt 22–25 Blinys)

„Bliny“ ist das schick klingende russische Wort für Mini-Buchweizenpfannkuchen, aber es ist ganz klar, dass wir uns von Pfannkuchen als Erstes verabschieden müssen, wenn wir auf Getreide verzichten wollen. Buchweizen steht auch in der Kritik, obwohl er eine der kohlenhydratärmsten Getreidesorten ist. Trotzdem ist es ein Getreide; und wir wollen das Ganze doch ohne Getreide machen, oder?

Wie wäre es also mit getreidefreien Pfannkuchen, auf die wir etwas Crème fraîche, geräucherten Lachs und Dillspitzen geben – und dann als Bliny bezeichnen? Hört sich gut an, oder?

---

65 g Kokosmehl
1/2 TL Backpulver
1/2 TL Salz
3 Eier
2 EL Butter, geschmolzen, sowie etwas mehr zum Braten
180 ml Milch
Crème fraîche zum Servieren
115 g geräucherter Lachs
Frischer Dill, in Zweige geteilt

In einer mittelgroßen Rührschüssel Kokosmehl, Backpulver und Salz miteinander vermengen. Eier hinzugeben, dann leicht verrühren, bis ein klumpiger Teig entsteht. Geschmolzene Butter hinzugeben. Milch nach und nach einrühren, je 60 ml, bis der Teig die Konsistenz eines dicken Pfannkuchenteigs hat.

Einen Klecks Butter in einer Pfanne bei mittlerer Temperatur erhitzen, bis die Pfanne sehr heiß und die Butter goldbraun ist. Fangen Sie oben in der Pfanne, bei 12 Uhr, an, je einen TL Teig in die heiße Pfanne zu geben. Teig mit dem Teelöffel flach zu einem Mini-Pfannkuchen drücken. Teig im Uhrzeigersinn in der Pfanne verteilen. Rund 2 Minuten backen, dann den Bliny wenden und 1–2 Minuten von der anderen Seite backen. Auf einem mit Küchenpapier ausgelegten Teller abkühlen lassen. Wieder Butter in die heiße Pfanne geben und wiederholen, bis der ganze Teig zu Blinys verarbeitet wurde.

Abgekühlte Blinys auf ein Serviertablett geben, auf jeden Bliny einen Klecks Crème fraîche und etwas geräucherten Lachs geben. Mit einem Zweig frischen Dills dekorieren. Zu eiskaltem Martini oder Sprudel mit Limette servieren.

Pfirsiche im Prosciutto-Mantel

(ergibt 16–18 Stück)

An den Feiertagen kommen häufig Gäste vorbei. Aber auch wenn keine Feiertage sind, stehen häufig Gäste vor der Tür.

Und diese Gäste brauchen Cocktails. Dann brauchen sie Essen zu ihren Cocktails. Darum sollten Sie immer eine Packung guten Schinken im Kühlschrank haben. Diesen können Sie dann um jedes Obst wickeln, das Sie gerade parat haben (bitte geschält), und in einer heißen Pfanne braten. Ihre Gäste werden beeindruckt sein, welche herzhaft-süßen Snacks Sie zaubern. Ich liebe Pfirsiche, habe aber auch schon Melone, Feigen, Orangen, Äpfel, Grapefruits und Pflaumen genommen, ijje nachdem, was ich gerade zu Hause hatte.

Her mit den Gästen! Ich bin bereit.

3 Pfirsiche, geschält, entkernt und
in 2,5 cm große Spalten geschnitten
5 Scheiben Prosciutto, längs geschnitten und gedrittelt

Prosciutto um die Pfirsichspalten wickeln und, wenn nötig, mit einem Zahnstocher feststecken.

Eine Pfanne bei mittlerer Temperatur erhitzen und die eingewickelten Pfirsichspalten kreisförmig im Uhrzeigersinn in die heiße Pfanne geben, oben bei zwölf Uhr anfangen. So wissen Sie immer, wo Sie angefangen haben und wann jedes Stück gewendet werden muss. Braten, bis der Schinken hart wird, aber noch nicht zu knusprig ist. Pfirsichspalten wenden und von der anderen Seite braten. Der Pfirsich ist dann warm und außen leicht klebrig. Sofort servieren und sich über die „Oohs“ und „Aahs“ der Gäste freuen, wenn die Pfirsiche ihnen im Mund schmelzen.

Käsechips

(ergibt 1 großen Chip)

Wenn wir auf verarbeitetes Getreide verzichten, fehlt uns manchmal ein knusprig-knackiger Snack, aber diese Käsechips sind ein guter Ersatz für Cracker oder Chips – und außerdem sättigen sie stärker und enthalten weniger Kohlenhydrate.

---

4 EL geriebener Käse
(Cheddar, Mozzarella oder Colby Jack)

Eine kleine Pfanne bei mittlerer Temperatur erhitzen, den geriebenen Käse in einem 10–15 cm großen Kreis verteilen und in der Pfanne braten, bis er Blasen wirft und goldbraun ist, aber darauf achten, dass er nicht anbrennt. Aus der Pfanne nehmen und auf einem Papiertuch abkühlen lassen. Oder sofort verzehren. Passen Sie aber auf, dass Sie sich nicht den Mund verbrennen.

Alternativ 4 EL geriebenen Käse auf einen Teller geben. In einem dünnen, 10–15 cm großen Kreis verteilen. 75–90 Sekunden in der Mikrowelle erhitzen, bis der Käse sich zu einer gegarten, flachen Scheibe verwandelt hat. Käsechip vom Teller lösen und abkühlen lassen, bis er knusprig ist.

Zaziki-Dip

(ergibt 625 ml)

5 Mini-Gurken oder
1 große Salatgurke, grob geschält und gehackt
1 EL frischer Dill, gehackt
1 Knoblauchzehe, gehackt
2 EL Zitronensaft
2 TL Salz
500 ml griechischer Joghurt
Salz und Pfeffer zum Abschmecken

Gurkenstücke auf eine ebene Fläche legen. Mit Salz bestreuen und 10 Minuten ruhen lassen, um das überschüssige Wasser zu entziehen. Mit Küchenpapier trocken tupfen. Dill, Knoblauch, Gurke, Zitronensaft und Salz in eine Küchenmaschine oder einen Vitamix geben und verarbeiten, bis alles gut vermischt, aber noch stückig ist. In eine Rührschüssel füllen. Griechischen Joghurt unterziehen und gut vermengen. Mit Salz und Pfeffer abschmecken. Zu gegrilltem Fleisch und Gemüse oder als Dip mit Pitachips aus Mandelmehl (siehe Seite 20) servieren.

Pitachips aus Mandelmehl

(ergibt 2–4 Portionen)

165 g Mandelmehl plus etwas mehr zum Mehlen der Teigrolle,
um ein Festkleben zu verhindern
1/2 TL Knoblauchpulver
1/2 TL Salz
1 Ei

Ofen auf 175 °C vorheizen. Mandelmehl, Knoblauchpulver und Salz vermengen. Ei hinzugeben und alles zu einem dicken Teig verrühren. Teig auf einem Backpapier ausrollen oder ausbreiten, sodass er ungefähr 0,5 cm dick ist. 15 Minuten knusprig und goldbraun backen. In Chips brechen.

Mit Wurst gefüllte Pilze

(ergibt 8–10 Stück)

Köstliche, kleine Horsd'oeuvres ..., um die dreht sich jede Party. Die gefüllten Pilze nicht alle aufzuessen, bevor die Party überhaupt anfängt, erfordert viel Willenskraft. Wenn Sie eine sehr fettige Wurst nehmen, müssen Sie möglicherweise nach dem Anbraten das Fett abschöpfen, ehe Sie den Rotweinessig hinzugeben. Das Ganze soll nämlich nicht fettig werden. Wir wollen es zwar fett, aber nicht fettig.

2 EL Olivenöl
1 kleine Zwiebel, fein geschnitten
1 Knoblauchzehe, gehackt
450 g große, weiße oder braune Champignons, Stiele abtrennen und für die Füllung klein hacken
450 g Ihrer Lieblingswurst, Wursthülle entfernt und entsorgt
1 EL Rotweinessig
70 g Mandelmehl sowie etwas mehr zum Bestreuen
4 EL Boursin-Käse
(der ursprüngliche, feste Käse, nicht der Streichkäse)

Ofen auf 160 °C vorheizen. Eine große Pfanne mit Olivenöl auf mittlere Temperatur erhitzen und darin die Zwiebel rund 3–4 Minuten weich dünsten. Knoblauch hinzugeben und 1 Minute weiterdünsten. Gehackte Pilzstiele hinzugeben. 4–5 Minuten sehr weich dünsten. Wurst hinzugeben, anbraten und mit einem Pfannenwender in kleine Stücke teilen. Überschüssiges Fett, wenn nötig, abgießen und entsorgen. Wurst mit dem Rotweinessig benetzen. Mandelmehl gleichmäßig unterrühren. Vom Herd nehmen und Boursin-Käse unterziehen, bis er gleichmäßig verteilt und cremig ist.

Champignonköpfe mit der hohlen Seite nach oben in eine 20 x 20 cm große Backform legen. Wurstmischung mit einem Löffel in die Champignonköpfe geben. Mit zusätzlichem Mandelmehl bestreuen.

Bei 160 °C 45 Minuten backen, bis die Pilze gar sind und der Belag goldbraun ist. 10 Minuten abkühlen lassen, dann servieren.

ALC. 14.1% BY VOL.

Tapenade aus Kalamata-Oliven

(ergibt 625 ml)

Oliventapenade ist ein sehr vielseitig verwendbarer Aufstrich und der Traum eines jeden Liebhabers herzhaften Geschmacks. Als Aufstrich verleiht sie jedem Appetithäppchen Geschmack und Flair, aber sie ist auch eine tolle Zutat in vielen Hauptgerichten und Beilagen. Servieren Sie sie zu rohem Gemüse, geben Sie einen Klecks auf Ihre Zucchinipasta oder reichen Sie sie zu Zaziki und Pitachips aus Mandelmehl! Auch auf ein gegrilltes Steak können Sie sie schmieren oder unter die Haut des Hähnchens reiben, ehe Sie es in den Backofen schieben. Sie passt zu Hummus oder in gefüllte Truthahnröllchen.

50 g rohe Pinienkerne
400 g Kalamata-Oliven, entsteint
2 EL Kapern, abgespült
2 TL Dijonsenf
1/2 TL Knoblauch, gehackt
2 EL Olivenöl
1 TL frischer Zitronensaft
2 Sardellenfilets, abgespült und abgetrocknet (optional)

In einer Küchenmaschine die Pinienkerne rund 30–45 Sekunden zu Nussmus verarbeiten. Übrige Zutaten hinzugeben und verarbeiten, bis sie zerhackt sind und alles die Konsistenz einer stückigen Paste hat (ungefähr 10-mal die Pulse-Taste drücken), zwischendurch die Zutaten vom Schüsselrand kratzen, sodass alles gut vermischt wird.

In einem luftdichten Behälter über Nacht in den Kühlschrank stellen, damit sich die Aromen richtig miteinander verbinden. Vor dem Servieren auf Zimmertemperatur bringen.

Käseplätzchen/Käsestangen (gleiche Zutaten, aber unterschiedliche Form)

(ergibt 12 Plätzchen)

Mittagessen, Einladungen zum Tee, Hochzeiten, Beerdigungen, Unabhängigkeitstag, Weihnachtsfeiern ... im Süden der USA servieren wir Käseplätzchen oder -stangen zu jedem gesellschaftlichen Ereignis. Wenn man sich richtig blamieren möchte, lädt man in Atlanta lauter alte Weiber zu einer Feier ein und serviert KEINE Käseplätzchen oder -stangen. Dann kann man dabei zusehen, wie die eigene gesellschaftliche Stellung ganz schnell den Bach runter geht. Das soll natürlich niemandem passieren, weshalb ich Ihnen hier meine kohlenhydratarme Version von Käseplätzchen/-stangen präsentiere. Dann klappt es auch mit der gesellschaftlichen Stellung.

50 g Mandelmehl
1/4 TL Meersalz
1 Prise Knoblauchpulver
1 Ei
2 EL Butter, geschmolzen
175 g extra scharfer Cheddar-Käse, gerieben und klein gehackt
1 Prise Cayennepfeffer (optional)

Ofen auf 200 °C vorheizen. Mandelmehl, Meersalz, Knoblauchpulver, Ei, geschmolzene Butter, geriebenen Käse und Cayennepfeffer in einer großen Rührschüssel zu einem Teig vermengen.

Mit einem Löffel 2,5 cm große Teigbällchen auf ein mit Backpapier belegtes Backblech geben, dazwischen jeweils ein paar Zentimeter Platz lassen. 15 Minuten im Ofen goldgelb backen. Heiß servieren oder vor dem Servieren vollständig abkühlen lassen.

Anleitung für Käsestangen:

Teig wie oben beschrieben herstellen, dann gleichmäßig auf dem Boden einer 20 x 20 cm großen Glasbackform ausbreiten. Mit einem Pizzaschneider den Teig einmal horizontal in der Mitte anritzen, Vorgang in parallelen Schnitten in einem Abstand von rund 2 1/2 cm bis zum Rand wiederholen. 15 Minuten im Ofen goldgelb backen. Vorsichtig aus der Backform heben. Mit dem Pizzaschneider die Käsestangen voneinander trennen, vollständig abkühlen lassen und servieren.

Grünkohlchips

(ergibt 2 Portionen)

1 Bund Grünkohl
2 EL Olivenöl
1 EL weißer Balsamicoessig
1 TL Salz
1/4 TL Pfeffer
1/2 TL Knoblauchsalz
1/4 TL Paprikapulver, geräuchert
1 Prise Cayennepfeffer (optional, für den besondere Kick)

Ofen auf 120 °C vorheizen. Grünkohl waschen, harte Mittelrippe herausschneiden und entsorgen, Grünkohl in Stücke schneiden. In einer großen Schüssel den Grünkohl mit Olivenöl und Essig einreiben. Ein Backblech mit Backpapier auslegen und Grünkohl gleichmäßig in einer einzigen Schicht auf das Backblech legen. 40 Minuten rösten, dabei den Grünkohl mindestens einmal wenden, damit er nicht anbrennt. In einer separaten Schüssel die Gewürze miteinander verquirlen. Grünkohl aus dem Ofen nehmen und nach Herzenslust mit der Gewürzmischung würzen.

Russische Eier mit griechischem Joghurt

(ergibt 24 halbierte Russische Eier)

12 Eier, gekocht, abgekühlt und geschält
80 ml griechischer Joghurt, vollfett
1 TL Olivenöl
1/2 TL Salz
1/4 TL Pfeffer
1 EL Dijonsenf
1 Frühlingszwiebel, fein gehackt

Eier 10 Minuten hart kochen, Wasser abgießen, 30 Minuten abkühlen lassen und vorsichtig schälen. Eier halbieren. Eigelbe aus den Eiweißen drücken und in eine Rührschüssel geben. Griechischen Joghurt, Olivenöl, Salz, Pfeffer, Dijonsenf und Frühlingszwiebel hinzugeben. Zutaten gleichmäßig zu einer glatten Konsistenz verrühren.

Wenn Sie es besonders schön machen wollen, geben Sie die Eigelbmischung mit einem Löffel in einen Gefrierbeutel (oder einen Spritzbeutel), schneiden die Ecke ab und drücken die Mischung gleichmäßig in die Eiweiße. Ansonsten können Sie die Eigelbmischung einfach mit dem Löffel wieder in die Eiweiße geben. Bis zum Servieren im Kühlschrank aufbewahren.

Mit Käse gefüllte Mini-Paprika

(ergibt 20–24 Stück)

10–12 Mini-Paprika
1 Packung Boursin-Käse
1 Bund frische, grüne Kräuter, zum Beispiel Schnittlauch, Basilikum oder Petersilie, fein gehackt

Ofen auf 175 °C vorheizen. Paprika waschen und vom oberen Teil (der Teil mit dem Stiel) rund 1 cm abtrennen, anschließend halbieren. Alle Samen entfernen. Paprikahälften mit Boursin-Käse füllen. Auf ein Backblech legen und rund 15 Minuten im Ofen backen, bis sie oben langsam braun werden. Aus dem Ofen nehmen, mit frischen Kräutern bestreuen und sofort servieren.

Brokkoli-Dip

(ergibt 375–500 ml)

Dips machen Spaß. Zaubern Sie einen Dip, laden Sie ein paar Freunde ein, mixen Sie ein paar Cocktails und sofort haben Sie eine Party. Ich mag diesen Brokkoli-Dip, weil er sonst meistens als Bread-Bowl-Dip serviert wird (das ist ein Dip, der in einem Brot serviert wird), was jedoch eine Glutenkontamination mit sich bringt – also kein Dip für mich. Aber ich kann die Umgebung des Dips kontrollieren, indem ich ihn selbst mache und zu frischem Gemüse serviere.

Hinweis: Sie können den Brokkoli auf dem Herd dünsten, aber wenn Sie in Eile sind, beispielsweise vor einer Party, können Sie ihn auch in der Mirowelle machen.

1 Beutel Brokkoliröschen (meist rund 350–400 g)
1 Schalotte, gehackt
1/2 TL Knoblauch, gehackt
100 g Mayonnaise
100 ml griechischer Joghurt
1 Prise Salz
etwas gemahlener Pfeffer, frisch
1 Prise Cayennepfeffer, gemahlen (optional, für den besonderen Kick)

Beutel mit Brokkoliröschen für 4 Minuten auf höchster Stufe in der Mikrowelle garen. Zum Abkühlen in eine Schüssel geben. Schalotte, Knoblauch, Mayonnaise, griechischen Joghurt, Salz, Pfeffer und Cayennepfeffer in eine Küchenmaschine oder einen Vitamix geben. 20 Sekunden mixen, dann den Brokkoli hinzugeben und 5- oder 6-mal die Pulse-Taste drücken, bis der Brokkoli fein gehackt ist.

Datteln im Speckmantel

(ergibt 25–30 Stück)

25–30 Medjool-Datteln, entsteint
450 g auf Apfelholz geräucherter Speck oder jeder andere dicke Speck ohne Nitritpökelsalz, bei Zimmertemperatur
Ziegenkäse (optional)
Zahnstocher

Ofen auf 200 °C vorheizen.

Speckstreifen der Länge nach halbieren. Wenn Sie Ziegenkäse verwenden, je 1/2 TL Ziegenkäse in die Mitte der Dattel, wo vorher der Stein war, geben und Dattel schließen. Dattel spiralförmig mit dem Speckstreifen umwickeln, sodass die gesamte Dattel bedeckt ist, und mit einem Zahnstocher feststecken. Dattel auf ein Backblech legen und Vorgang mit den übrigen Datteln, dem Käse und den Speckstreifen wiederholen. Rund 15–20 Minuten im Ofen backen; nach der Hälfte der Backzeit die Datteln am Zahnstocher wenden. Aus dem Ofen nehmen, 5 Minuten abkühlen lassen und servieren.

Hähnchen-Käse-Dip

(ergibt 875 ml)

250 g Grillhähnchen, in kleine Stücke gerupft
225 g Frischkäse
125 ml griechischer Joghurt
1 Dose (115 g) grüne Chilischoten, geröstet, gewürfelt
1/2–1 EL Chipotle-Chilis in Adobo-Soße, fein gehackt

Alle Zutaten bei niedriger Temperatur in einen Le Creuset-Bräter oder Schongarer geben. Abdecken und 30 Minuten garen, zwischendurch ab und an umrühren, damit sich alle Zutaten gut vermischen.

Zu Pitachips aus Mandelmehl (siehe Seite 20) servieren.

Mangosalsa

(ergibt 375 ml)

Mangosalsa ist ein bisschen süß und ein bisschen würzig, wodurch sie bestens auf eine Käseplatte passt, sich hervorragend als Dip für Gemüse eignet oder sich gut auf gegrilltes Hähnchen oder Fisch streichen lässt. Am liebsten löffele ich sie direkt aus der Schüssel, aber vielleicht ist das auch nur typisch für mich.

1 Mango, geschält und entsteint
2–3 Tomaten, Strunk entfernt und entsorgt, gehackt
1/2 Jalapeño, gehackt
Saft von 1 Limette
4 EL Koriander
1/4 Zwiebel, gehackt

Für eine stückige Salsa alle Zutaten mit der Hand fein hacken und vermengen.

Für eine glatte Salsa alle Zutaten grob hacken, dann im Mixer oder in der Küchenmaschine bis zur gewünschten Konsistenz verarbeiten.

Hummus mit roter Paprika

(ergibt 500 ml)

---

2 Dosen je 400 g Bio-Kichererbsen, abgespült und abgetropft
125 ml Tahini
1 TL gehackter Knoblauch (rund 2 Zehen)
Hälfte eines 400 g Glases geröstete rote Paprika in Wasser
sowie 2 EL des Wassers
1 TL Chilipulver
1 TL Salz
1/2 TL Kreuzkümmel
Saft von 1/2 Zitrone
2 EL Olivenöl

Alle Zutaten mit Ausnahme des Olivenöls in einen Vitamix oder ähnlichen Mixer bzw. in die Küchenmaschine geben, bei mittlerer Geschwindigkeit 1–2 Minuten vermischen und die Zutaten mit dem Stampfer herunterdrücken. Mixvorgang stoppen, Deckel abnehmen und Zutaten von der Behälterwand kratzen. Deckel wieder aufsetzen und 1–2 Minuten weitermixen und gleichzeitig langsam das Öl in den Hummus träufeln. Kontrollieren, ob der Hummus die gewünschte Konsistenz hat, falls nicht, weiter glatt mixen. Darauf achten, dass Sie ihn nicht „übermixen“. Zu Gemüse und Pitachips aus Mandelmehl (siehe Seite 20) servieren.

Käseball

(ergibt 1 Käseball. Es ist ein Ball. Aus Käse.)

225 g Frischkäse, bei Zimmertemperatur
90 g geriebener Cheddar-Käse
40 g frisch geriebener Parmesan
1/2 kleine braune oder gelbe Zwiebel, fein gehackt
1 TL Worcestershiresauce
1 TL Dijonsenf
1 Prise Cayennepfeffer
45 g Mandelblättchen

In einer großen Rührschüssel Frischkäse, Cheddar, Parmesan, Zwiebel, Worcestershiresauce, Dijonsenf und Cayennepfeffer mit einem flachen Spatel zerdrücken. Weiter drücken, bis alles nach ein paar Minuten weich genug ist, dass Sie die Zutaten gut miteinander vermischen können.

Die Mischung zu einem Ball formen, bis er eine gleichmäßig runde Form hat. Den Boden vorsichtig flach drücken. Mit Frischhaltefolie umwickeln und rund 3–5 Stunden im Kühlschrank hart werden lassen.

In der Zwischenzeit die Mandelstifte auf einen flachen Teller geben. Mit der Unterseite eines stabilen Glases oder Auflaufförmchens die Mandelstifte zu kleineren Stücken mahlen. Eine antihaftbeschichtete Pfanne bei mittlerer Temperatur erhitzen und die Mandelstücke rösten. Dabei immer wieder umrühren, damit die kleineren Mandelstücke nicht anbrennen. Vom Herd nehmen, wenn sie goldbraun sind, aber noch ein paar weiße Mandelstifte übrig sind. Auf einem Teller abkühlen lassen.

Wenn der Käseball fest ist, aus dem Kühlschrank nehmen und in den gerösteten Mandelblättchen rollen, bis das Äußere des Balls bedeckt ist. Sofort zu Pitachips aus Mandelmehl (siehe Seite 20) reichen oder bis zum Servieren wieder in den Kühlschrank stellen.

Kapitel zwei: Hauptgerichte

Pizzaboden aus Blumenkohl ... 43

Ultimativer Low-Carb-Pizzaboden ... 44

Thunfischsteak in Sesamkruste ... 46

Koriander-Lachs in Pistazienkruste ... 47

Lachs mit Zitronen-Dijon-Basilikum-Sosse ... 49

Gebackenes Kabeljaufilet mit Mandelkruste ... 50

Asiatisch marinierte Shrimp-Spiesse ... 53

Shrimps in Kokosnusskruste ... 54

Chili-Limetten-Rindersteak ... 55

Rinderfilet in Lauch-Senf-Kruste ... 56

Southwest-Burger ... 57

Rib-Eye-Steak aus der Pfanne ... 59

Kronfleisch-Spiesse ... 60

Griechisches Flankensteak ... 62

Machaca ... 64

Sirloin-Steak mit Spinatsalat ... 67

Shepherd's Pie mit Blumenkohlpüree ... 68

Zucchinispaghetti mit Bolognesesosse ... 70

Würzige Schweinekoteletts ... 72

Schweinefilet-Medaillons ... 73

Flamenquines (Schinken-Fleischröllchen)... 75

Orangen-Ingwer-Schweinekoteletts ... 76

Scaloppine vom Schwein ... 77

Schweinerippchen ohne Knochen ... 78

Asiatischer Schweinelendenbraten ... 79

Carnitas (Mexikanisches Schweinefleisch) ... 80

Gebratene Kräuter-Lammokoteletts ... 81

Supereinfaches Brathähnchen ... 82

Hähnchenbrust Milanese im Mandelmantel ... 84

Überbackene Hähnchenbrust ...85

Torris „frittierte" Hähnchenkeulen ... 86

Hähnchen mit Artischocke, Spinat und Kirschtomaten ... 89

Zitronen-Brokkoli-Huhn ... 90

Hähnchen Dijon ... 91

Chicken Tikka Masala ... 92

Zitronige Hähnchenschenkel ... 95

Thai-Basilikumhähnchen à la Tarq ... 96

Brathähnchensalat ... 97

Mit Hühnchen gefüllter Eichelkürbis auf marokkanische Art ... 99

Raffinierte Putenburger ... 100

Einfache Putenburger ... 102

Putenhackbraten ... 103

Puteneintopf mit Knödeln auf Südstaatenart ... 104

Mit Putenhack gefüllte grüne Paprikaschoten auf italienische Art ... 106

Linsenburger mit pikantem griechischem Joghurt ... 108

Pizzaboden aus Blumenkohl

(ergibt 1 dünnen, 25 cm großen Pizzaboden)

700 g Blumenkohlröschen, entstielt
4 EL Parmesan, gerieben
4 EL Mozzarella, gerieben
1/2 TL Knoblauchpulver
1/2 TL Oregano, getrocknet
1/2 TL Basilikum, getrocknet
1/2 TL Salz
1 Ei
Oliven- oder Kokosnussöl

Zum Belegen:
Selbst gemachte Pizzasoße (siehe Seite 191) oder
gekaufte Pizzasoße ohne Zucker
Ihr Lieblingsfleisch, -gemüse, -käse etc.

Blumenkohl in einer Küchenmaschine verarbeiten, bis er ungefähr die Konsistenz von Couscous hat. Er sieht dann aus wie Schnee.

In einer mikrowellengeeigneten Schüssel auf hoher Stufe 3–4 Minuten erhitzen. Abkühlen lassen. Mit einem Käsetuch alles überschüssige Wasser aus dem Blumenkohl drücken. Anschließend ein Handtuch um das Käsetuch mit dem Blumenkohl wickeln und erneut drücken, um sicher zu sein, dass jegliches überschüssiges Wasser entfernt wurde.

Ofen auf 215 °C vorheizen. In einer großen Rührschüssel Blumenkohl, Parmesan, Mozzarella, Knoblauchpulver, Oregano, Basilikum, Salz und Ei gleichmäßig vermischen und einen Teigball formen.

Ein Backblech mit Backpapier auslegen. Leicht mit Oliven- oder Kokosnussöl benetzen. Teigball in die Mitte legen und zu einem rund 1 cm dicken Kreis mit einem Durchmesser von circa 25 cm herunterdrücken.

11–14 Minuten im Ofen backen, bis sich oben auf der Kruste goldbraune Flecken bilden. Aus dem Ofen nehmen, Soße und Toppings darübergeben und weitere 5–7 Minuten in den Ofen schieben, bis der Käse geschmolzen ist und Blasen wirft.

Ultimativer Low-Carb-Pizzaboden

(ergibt 1 dünnen, 25–30 cm großen Pizzaboden)

Rezepte sind nicht in Stein gemeißelt ... sie ändern sich ständig und werden immer besser. In meinem Fall improvisierte ich immer mit den Zutaten, die ich gerade in der Küche habe. Ich finde es toll, wenn Sie eine neue – und bessere – Variante meiner Rezepte finden und mir dann ein Foto davon schicken. Denn so kommunizieren wir miteinander, und nichts macht das Essen schöner als eine gute Konversation.

Dieser Low-Carb-Pizzaboden ist eine Variante des Pizzabodenrezepts, das auf der Website des Dokumentarfilms „Fat Head“ gepostet wurde. Ich habe ein bisschen am Pizzaboden herumgebastelt, bis er so wurde, wie ich ihn wollte – ein kleines bisschen saftiger und feuchter, und für einen richtig italienischen Geschmack habe ich außerdem getrocknete Kräuter hineingetan. Ich hoffe, Sie mögen ihn ebenso. Und denken Sie bitte daran, mir ein Foto zu schicken, wenn Sie das Rezept abändern und Ihren eigenen Pizzaboden kreieren.

Für den Boden:

135 g Mozzarella, gerieben
(am allerbesten ganz frisch)
3 EL Frischkäse
1 Ei
70 g Mandelmehl
1/2 TL Oregano, getrocknet
1/2 TL Basilikum, getrocknet
1/2 TL Knoblauchsalz

Für das Topping:

Selbst gemachte Pizzasoße (siehe S. 181) oder gekaufte Soße ohne Zucker
Ihr Lieblingsfleisch, -gemüse, -käse etc.
Für das Foto habe ich scharfe Salsiccia angebraten, Mozzarella und Fontina-Käse gerieben und die Pizza anschließend nach dem Backen mit Rucola belegt.

Ofen auf 215 °C vorheizen. Mozzarella und Frischkäse in eine große Schüssel geben und rund 30 Sekunden in der Mikrowelle erhitzen, bis der Käse weich und biegsam ist. Ei, Mandelmehl, Oregano und Basilikum hinzugeben. Gründlich vermischen, bis sich ein Teigball bildet. Teig auf das mit Backpapier ausgelegte Backblech geben und zu einem Rechteck oder Kreis formen. Pizzateig mit Knoblauchsalz besprenkeln. Oberfläche mit einer Gabel einstechen, damit der Pizzaboden beim Backen nicht hochgeht.

Pizzaboden 8–10 Minuten backen. Wenn sich Blasen bilden, wieder mit der Gabel einstechen. Weitere 2–4 Minuten backen, falls der Boden noch nicht braun ist. Darauf achten, ihn nicht zu lange zu backen, weil er sonst zu trocken wird!

Pizzasoße und Toppings darübergeben, noch einmal für 4–5 Minuten in den Ofen schieben, bis der Käse geschmolzen ist und Bläschen wirft.

Thunfischsteak in Sesamkruste

(ergibt 2–4 Portionen)

450 g Ahi-Thunfischsteak in Sashimi-Qualität
1 EL glutenfreie Sojasoße
1 TL Wasabipaste (optional)
1/2 TL frischer Pfeffer
4 EL schwarze oder weiße Sesamsamen oder beides gemischt
1 EL Olivenöl

Thunfischsteaks in Sojasoße wenden und, wenn gewünscht, mit Wasabipaste bestreichen, anschließend mit schwarzem Pfeffer würzen.

Sesamsamen auf einem flachen Teller ausbreiten. Thunfischsteaks von beiden Seiten in die Sesamsamen drücken.

Olivenöl in einer antihaftbeschichteten Pfanne auf mittlere Temperatur erhitzen. Die Thunfischsteaks von jeder Seite 3–4 Minuten scharf anbraten, sodass der Thunfisch in der Mitte noch rosig und außen gebraten ist. Thunfisch mit einem sehr scharfen Messer in Streifen schneiden. Wenn gewünscht mit weiterer glutenfreier Sojasoße zum Dippen servieren.

Koriander-Lachs in Pistazienkruste

(ergibt 2–4 Portionen)

140 g Pistazien, geschält
1 Prise Selleriesalz
1/4 TL Kardamom
1/4 TL Korianderpulver
1/2 TL Zwiebelpulver
1/4 TL Pfeffer, frisch gemahlen
2 EL Olivenöl (sowie etwas mehr zum Einfetten der Pfanne)
Salz
2–4 Wildlachsfilets
Zitronenscheiben zum Garnieren

Ofen auf 175 °C vorheizen. Pistazien in einer Küchenmaschine oder im Vitamix so mahlen, dass die Nüsse eine unterschiedliche Konsistenz haben (manche sind fein gemahlen, andere etwas gröber gemahlen). Gemahlene Pistazien aus dem Mixer in eine Schüssel füllen. Selleriesalz, Kardamom, Korianderpulver, Zwiebelpulver, frisch gemahlenen Pfeffer und 2 EL Olivenöl miteinander vermengen und zu einer Paste mischen. Lachsfilets salzen und mit der Pistazienmischung bedecken. Filets mit der Hautseite nach unten in eine geölte gusseiserne Pfanne oder Backform geben. 30 Minuten im Ofen backen, dabei alle 10 Minuten kontrollieren. Wenn der Fisch oben anbrennt (was bei Pistazien recht leicht passiert), die Pfanne für die restliche Backzeit mit Alufolie abdecken. Aus dem Ofen holen, mit Zitrone garnieren und genießen!

Lachs mit Zitronen-Dijon-Basilikum-Sosse

(ergibt 3–4 Portionen)

Dieses farbenfrohe Lachsgericht kommt immer gut an. Es geht einfach und ist in weniger als 25 Minuten zusammengestellt, wenn Sie lieber wenig Zeit in der Küche verbringen. Bei wildem Rotlachs ist die Garzeit allgemein kürzer, weshalb Sie den Lachs nach 15 Minuten kontrollieren sollten. Die dunklere Rosafarbe täuscht, und meist bleibt er auch so dunkel rosafarben, obwohl er vollkommen durchgegart ist.

450–900 g Wildlachsfilets
Salz und Pfeffer
4 EL Olivenöl sowie etwas mehr zum Einölen der Lachshaut
4 EL Zitronensaft
1 TL Zitronenschale, gehackt
2 EL Dijonsenf
7–8 Basilikumblätter, gehackt
1 Knoblauchzehe, gehackt

Grill einschalten oder Ofen auf 200 °C vorheizen.

Lachs säubern und noch übrige Schuppen oder Gräten sorgsam entfernen. Haut einölen. Mit der rosafarbenen Seite nach oben auf ein mit Alufolie ausgelegtes Backblech legen. Leicht mit Salz und Pfeffer würzen.

In einer Küchenmaschine oder einem Vitamix Olivenöl, Zitronensaft, Schale, Senf, Basilikumblätter und Knoblauch vermischen. Gleichmäßig über den Lachs geben, bis er reichlich damit bedeckt ist.

Rund 15 Minuten mit der Hautseite nach unten bis zum gewünschten Garzustand grillen bzw. im Ofen bei 200 °C rund 15 Minuten bis zum gewünschten Garzustand backen.

Gebackenes Kabeljaufilet mit Mandelkruste

(ergibt 2–4 Portionen)

4 EL Butter
1 Schalotte, gehackt
1 TL Knoblauch, gehackt
1 TL Schnittlauch, gehackt
115 g Mandelmehl
2 EL Mayonnaise
1 Eiweiß
1 TL Zitronenschale, gehackt
450 g Kabeljaufilet
Salz und Pfeffer zum Würzen

Ofen auf 160 °C vorheizen.

In einer Pfanne die Butter bei mittlerer Temperatur erhitzen, bis sie Bläschen wirft. Schalotte rund 3 Minuten sautieren, bis sie leicht bräunlich ist. Knoblauch und Schnittlauch hinzugeben und eine Minute weiter sautieren. Mandelmehl hinzugeben. Umrühren und 3–4 Minuten kochen. Vom Herd nehmen, in eine flache Schüssel füllen und abkühlen lassen.

In einer kleinen Schüssel Mayonnaise, Eiweiß und Zitronenschale miteinander vermengen. Kabeljaufilets gründlich mit Küchenpapier trocken tupfen. Anschließend mit Salz und Pfeffer würzen. Mit einem Backpinsel die Mayonnaisemischung auf die Kabeljaufilets streichen.

Filets in die Mandelmehlmischung drücken und gleichmäßig damit bedecken. Filets auf einem geölten Grillrost über einem Backblech legen.

20–25 Minuten backen, bis die Filets durchgegart sind.

Asiatisch marinierte Shrimp-Spiesse

(ergibt 4–6 Portionen)

450–900 g Shrimps, geschält und entdarmt
80 ml Olivenöl
1 Spritzer Sesamöl
1 EL frischer Ingwer, gerieben
1 EL Fischsoße
1 Knoblauchzehe, gehackt
1 EL glutenfreie Sojasoße
1/2 TL Chili-Knoblauchsoße (ich empfehle Sriracha-Soße mit dem Hahn als Logo)
2 Stängel frisches Zitronengras, gewürfelt, oder 1 EL Zitronengraspaste aus der Tube

Shrimps abspülen, trocken tupfen und in einen großen Gefrierbeutel geben. Restliche Zutaten vermengen und Marinade über die Shrimps im Gefrierbeutel geben. Beutel verschließen und 30–60 Minuten marinieren. 8–10 Bambusspieße 10 Minuten lang in Wasser einweichen, anschließend aus dem Wasser holen und überschüssiges Wasser abtupfen. 4–6 Shrimps auf je einen Bambusspieß spießen.

Ofen auf 230 °C vorheizen, Shrimps von jeder Seite 2–3 Minuten grillen, bis sie nicht mehr glasig sind.

Shrimps in Kokosnusskruste

(ergibt 2–4 Portionen)

Wenn das Rezept milchfrei sein soll, können Sie den Joghurt und die Milch durch 250 ml Kokosnussmilch ersetzen.

50 g Kokosflocken, ungesüßt
125 g Naturjoghurt, Vollfett
1 Ei
4 EL Milch
1 TL Ingwer, gerieben
450 g Shrimps, geschält und entdarmt, frisch oder aufgetaut
Salz und Pfeffer
125 ml Kokosnussöl, geschmolzen

Ofen auf 175 °C vorheizen. Kokosflocken gleichmäßig auf einem Backblech verteilen, 5–6 Minuten im Ofen rösten, währenddessen die Flocken einmal durchschütteln, damit sie nicht anbrennen. Aus dem Ofen nehmen, abkühlen lassen und in eine flache Schüssel füllen.

In einer anderen flachen Schüssel Joghurt, Ei, Milch und geriebenen Ingwer miteinander verquirlen. Shrimps mit einem Küchentuch trocken tupfen, anschließend mit Salz und Pfeffer würzen.

In einer gusseisernen Pfanne das Kokosnussöl erhitzen. Während das Öl heiß wird, die Shrimps einzeln in die flüssige Mischung tunken, dann in den Kokosflocken wenden, bis sie vollständig bedeckt sind.

Temperatur des Öls überprüfen, indem Sie ein paar Kokosflocken in die gusseiserne Pfanne geben. Wenn sie zischen, ist das Öl heiß genug, um die Shrimps darin zu braten.

Shrimps bei hoher Temperatur 2 Minuten von jeder Seite sautieren. Die Kokoskruste soll goldfarben, aber nicht verbrannt sein. Vorsichtig aus dem Öl holen und auf Küchenpapier legen, damit das überschüssige Öl abtropfen kann. Sofort zu Mangosalsa servieren (siehe Seite 33).

Chili-Limetten-Rindersteak

(ergibt 4–6 Portionen)

1 EL Chilipulver
1/2 TL Ancho-Chilipulver
2 TL Salz
1/2 TL Pfeffer
1 EL Olivenöl
450–1350 g Steak aus der Rinderschulter (flat iron)
Saft von 1 Limette
Koriander, gehackt, zum Garnieren

Chilipulver, Ancho-Chilipulver, Salz, Pfeffer und Olivenöl vermengen und Steak damit bestreichen. 1–4 Stunden im Kühlschrank marinieren.

Grill auf 260 °C erhitzen und Steaks von jeder Seite 5–7 Minuten grillen, bis sie den gewünschten Garzustand erreicht haben. Vom Grill nehmen und Saft von einer Limette über die Steaks geben. Aufschneiden und sofort servieren. Mit Koriander garnieren.

Rinderfilet in Lauch-Senf-Kruste

(ergibt 4–6 Portionen)

900–1350 g Rinderfilet
Salz & Pfeffer
2 EL Olivenöl
1 EL scharfer, brauner Senf
1/2 TL Knoblauch, gehackt
2 Stangen Lauch, nur die weißen und hellgrünen Teile, klein gehackt
40 g Parmesan, frisch gerieben
50 g Mandelmehl

Ofen auf 215 °C vorheizen. Rinderfilet auf Zimmertemperatur bringen. Rinderfilet mit reichlich Salz und Pfeffer würzen. 20 Minuten in einer mit Alufolie abgedeckten Pfanne rösten.

In einer Küchenmaschine oder einem Vitamix Olivenöl, Senf, Knoblauch, Lauch und Parmesan zu einer dicken Paste verarbeiten und von der Schüsselinnenwand kratzen. In einer mittelgroßen Schüssel die Lauchpaste mit dem Mandelmehl vermengen und gut durchmischen.

Rinderfilet aus dem Ofen nehmen und gleichmäßig mit der Lauch-Mandelpaste bestreichen. Aufpassen, dass Sie sich nicht verbrennen! Rinderfilet wieder zurück in den Ofen geben. Weitere 20–25 Minuten rösten, bis die Kruste goldbraun ist. Aus dem Ofen nehmen, 15 Minuten abkühlen lassen, dann aufschneiden und servieren.

Southwest-Burger

(ergibt 4 Burger)

450 g Rinderhack
1/2 EL Chipotle-Schoten in Adobosoße, gehackt
1 Dose (115 g) grüne Chilischoten, geröstet, gewürfelt und abgetropft
1 TL Ancho-Chilipulver
1 TL Salz
85–115 g Käse in Scheiben
1/2 Avocado, in Scheiben geschnitten

Rinderhack, gewürfelte Chilischoten, gehackte Chipotleschoten, Chilipulver und Salz in eine Schüssel geben und mit den Händen vermengen. 4–5 Patties formen und in jeden Pattie mit dem Daumen eine Vertiefung in die Mitte drücken.

5–6 Minuten von jeder Seite bei mittlerer Temperatur in einer gusseisernen Pfanne oder auf dem Grill braten, bis die Patties gar sind. Käse auf den Burger-Patties schmelzen lassen und mit Avocadoscheiben servieren.

Rib-Eye-Steak aus der Pfanne

(ergibt 1–2 Portionen)

Diese Pfannensteaks sind so köstlich, dass es mir schon schwerfällt, sie nicht aufzuessen, ehe ich sie fotografiert habe. Es sind die idiotensichersten Steaks, die ich je zubereitet habe, aber alle, die sie probieren, halten sie für eine richtige Delikatesse. Sie können also jederzeit ein saftiges Rib-Eye-Steak genießen, ohne dafür Steakhouse-Preise zahlen zu müssen. Ich verwende eine gusseiserne Pfanne mit einem Durchmesser von 25 cm, aber jede flache Pfanne ist dafür geeignet.

225–285 g Rib-Eye-Steak mit Knochen
1/2 TL Trüffelsalz
1/2 TL Meersalz
1/4 TL Pfeffer, frisch gemahlen
1 TL Balsamicoessig
1/2 EL Butter

Steak aus dem Kühlschrank nehmen. Steak von einer Seite mit Trüffelsalz bestreichen. Die andere Seite mit Salz, Pfeffer und Balsamicoessig bestreichen. 15 Minuten ruhen lassen.

Butter bei mittlerer Temperatur in einer schweren gusseisernen Pfanne erhitzen, bis sie Bläschen wirft und fast braun wird. Steak mit der mit Balsamicoessig eingeriebenen Seite nach unten in die Pfanne legen und 6 Minuten von jeder Seite braten, wenn es englisch gebraten sein soll. Drücken Sie in die Fleischmitte des Steaks, um zu fühlen, ob es die gewünschte Garstufe hat. Steak vom Herd nehmen und vor dem Servieren 5–10 Minuten ruhen lassen.

Kronfleisch-Spiesse

(ergibt 2–4 Portionen)

450 g Kronfleisch (heißt manchmal auch Saumfleisch)
Salz & Pfeffer
5–6 Spieße

Fleisch vor dem Braten 20–30 Minuten bei Zimmertemperatur stehen lassen. Wenn Sie Holz- oder Bambusspieße verwenden, diese in Wasser einweichen, während Sie das Fleisch auf Zimmertemperatur bringen. Fleisch in dünne, ungefähr 4 cm breite Scheiben schneiden und auf die Spieße stecken. Salzen und pfeffern. Gusseiserne Pfanne auf sehr hohe Temperatur erhitzen und dann das Fleisch hineingeben. Anschließend 4–5 Minuten von jeder Seite braten, dann ist das Fleisch medium gebraten. Wenn es gut durchgebraten sein soll, die Garzeit dementsprechend verlängern. Mit Chimichurrisoße servieren (siehe Seite 197).

Griechisches Flankensteak

(ergibt 2–4 Portionen)

1 EL Oregano, frisch, gehackt
1 TL Minze, frisch, gehackt
1 TL Zitronenschale, gehackt
Saft von 1 Zitrone
125 ml Olivenöl
1/2 TL Knoblauchpulver
1 TL Salz
1/2 TL Pfeffer
450 g Flankensteak

Oregano, Minze, Zitronenschale, Zitronensaft, Olivenöl, Knoblauchpulver, Salz und Pfeffer vermengen. Über das Flankensteak streuen und dieses von allen Seiten damit bedecken. 30 Minuten bis 2 Stunden marinieren.

Zubereitung im Ofen:

Ofen auf 230 °C vorheizen. Flankensteak aus der Marinade nehmen und Marinade wegwerfen. Pfanne auf hohe Temperatur erhitzen. Flankensteak 3 Minuten von jeder Seite scharf anbraten, bis es eine schöne braune Farbe hat. Flankensteak in einen Bräter geben und 15–18 Minuten im Ofen weitergaren, bis es medium gebraten ist. Aus dem Ofen nehmen und 5 Minuten ruhen lassen. In diagonale Streifen schneiden. Zu gegrilltem Gemüse oder auf einem Salat mit Zazikisoße servieren.

Zubereitung auf dem Grill:

Grill auf 260–285 °C erhitzen. Flankensteak von jeder Seite 7–9 Minuten medium braten. 5 Minuten ruhen lassen. Diagonal aufschneiden und servieren.

Machaca

(ergibt 6–8 Portionen)

Dieses Rezept haben Sie meiner Freundin Joann Neil zu verdanken, die es auf ihrem Blog unter www.dailycupofjo.com gepostet hat. In den letzten zehn Jahren hat mich Joann in ihre Geheimnisse eingeweiht und mir unter anderem beigebracht, wie man besser schreibt und wie man auch mit drei Kindern immer noch mehrere Dinge gleichzeitig tun kann (ehrlich, diese Frau ist wirklich Superwoman). Sie war auch mein Lauf-Mentor, denn sie war schon Myriaden von Marathons gelaufen, ehe ich die Laufschuhe auch nur angezogen hatte. Außerdem lobt sie mich immer für den richtigen Gebrauch des Wortes „Myriaden", darum hoffe ich, dass sie das hier liest und mir daraufhin eine Nachricht schickt. Sie war die Erste, die mich dazu ermutigt hat, mit dem Laufen anzufangen, und meinte, ich sollte mich als Läuferin bezeichnen, obwohl ich nie auch nur daran dachte, mehr als 5 Kilometer zu laufen. All ihre Rezepte sind einfach fantastisch, aber dieses Machaca hier riecht so gut, dass jeder im Haus hin und weg sein wird. Was ja immer das Ziel ist.

1500–1800 g Bürgermeisterstück (aus der Rinderlende) oder Rinderbrust
25 g Kaffee, gemahlen
3 EL Ancho-Chilipulver
4 EL Salz
2 EL Olivenöl
375 ml Rotwein
430 ml Tomatensaft
3 EL frischer Limettensaft
180 ml Rotweinessig
6 Knoblauchzehen, gehackt
1 EL schwarzer Pfeffer, frisch gemahlen
2 TL Zimt
2 Lorbeerblätter
1/2 Speisezwiebel, gehackt
1/2 rote Zwiebel, gehackt
Avocadoscheiben und Sauerrahm, zum Servieren

Fleisch in fünf große Stücke schneiden. Kaffee, Ancho-Chilipulver und Salz in einer Schüssel vermengen und die Fleischstücke mit der Mischung würzen; Gewürzmischung dabei in das Fleisch einarbeiten. Olivenöl in einer großen Bratpfanne bei mittlerer Temperatur erhitzen und das Fleisch anbraten, um die Oberfläche zu karamellisieren. Vom Herd nehmen, kurz abkühlen lassen und in 5 cm große Würfel schneiden.

Fleisch in einen Dutch Oven oder Schongarer geben. Mit Wein, Tomaten- und Limettensaft, Essig, Knoblauch, Pfeffer, Zimt, Lorbeerblättern und gehackter Zwiebel bedecken. Mit einem Deckel oder Alufolie abdecken und 3–4 Stunden bei niedriger Temperatur schmoren. Bei der Verwendung eines Schongarers 3–4 Stunden auf höchster Stufe kochen.

Fleisch mit einem Schaumlöffel auf eine Oberfläche geben, auf der Sie es in kleine Stücke zerteilen können. Sofort mit Avocado und Sauerrahm servieren.

Sirloin-Steak mit Spinatsalat

(ergibt 2–4 Portionen)

ca. 700 g Sirloin-Steak
1 EL Olivenöl
1 TL Balsamicoessig
1 TL Worcestershiresauce
55 g Pekannuss-Stücke
125 ml Buttermilch
4 EL Mayonnaise
2 TL Apfelessig
1 Prise Salz & Pfeffer
4 Handvoll Spinat, frisch
1 Birne, in dünne Scheiben geschnitten
175 g Cocktail- oder Cherry-Tomaten, halbiert

Sirloin-Steak in einer Mischung aus Olivenöl, Balsamicoessig und Worcestershiresauce wenden. 30 Minuten oder bis zu 8 Stunden im Kühlschrank ruhen lassen. Wieder auf Zimmertemperatur bringen und währenddessen den Grill auf 230 °C erhitzen. Sirloin-Steak rund 8–10 Minuten von jeder Seite grillen, bis es medium gebraten ist. Für ein pfannengebratenes Steak eine gusseiserne Pfanne bei höchster Temperatur erhitzen und das Steak von jeder Seite 8–10 Minuten bzw. bis zum gewünschten Garzustand braten. Steak vom Grill bzw. Herd nehmen und 10–15 Minuten ruhen lassen.

Während das Steak brät bzw. grillt, den Ofen auf 175 °C vorheizen. Pekannuss-Stücke auf ein Backblech geben und 5–8 Minuten im Ofen leicht rösten. Darauf achten, dass sie nicht verbrennen. Buttermilch, Mayonnaise, Apfelessig und eine Prise Salz und Pfeffer in einer Schüssel zu einem Dressing verrühren.

Spinat, Birnenscheiben, Cherry-Tomaten und Pekannuss-Stücke in eine große Salatschüssel geben. Sirloin-Steak in rund 1/2 cm dicke Scheiben schneiden und in den Salat geben. Mit dem Buttermilch-Dressing garnieren.

Shepherd's Pie mit Blumenkohlpüree

(ergibt 4–6 Portionen)

180 g frische Champignons, gehackt
2 EL Olivenöl
1 Speise-, Gemüse- oder Vidalia-Zwiebel
6–8 Baby-Karotten, geraspelt
1–2 Knoblauchzehen, gehackt
1 EL Petersilie, frisch, gehackt
1/4 TL Zwiebelsalz
1/4 TL Knoblauchsalz
1/4 TL Thymian, getrocknet
1/4 TL Oregano, getrocknet
450 g Rinderhack
450 g Schweinehack
1 TL Hühnerbouillonpaste oder ein Würfel Hühnerbrühe, zu Pulver verarbeitet
Salz und Pfeffer nach Geschmack
1 Blumenkohlkopf, in Stücke geschnitten
4 EL Frischkäse
4 EL Konditorsahne
Salz zum Würzen
40 g Parmesan, frisch gerieben

Bei mittlerer Temperatur die Pilze in 1 EL Olivenöl sautieren, bis sie schön braun sind. Beiseitestellen.

Zwiebel rund 8 Minuten in 1 EL Olivenöl sautieren, bis sie weich ist. Karotten, Knoblauch, Petersilie, Zwiebelsalz, Knoblauchsalz, Thymian und Oregano hinzufügen und weitere 5–10 weich sautieren. Ebenfalls beiseitestellen.

Rinder- und Schweinehack braten. Dabei das Fleisch umrühren, bis es krümelig und durchgebraten ist. Fleisch abtropfen und wieder zurück in die Pfanne geben. Hühnerbouillon hinzugeben und gleichmäßig unterrühren. Pilze und Zwiebelmischung hinzugeben und gleichmäßig verteilen. Wenn nötig, mit Salz und Pfeffer abschmecken.

Ofen auf 175 °C vorheizen. In der Zwischenzeit den Blumenkohl 8–11 Minuten in einem großen Topf mit Wasser kochen, bis er beim Gabeltest weich ist. Gut abtropfen und mit Küchenpapier so trocken wie möglich tupfen. Blumenkohl, Frischkäse und Konditorsahne in einen Mixer oder eine Küchenmaschine geben. Zur Konsistenz von Kartoffelpüree verarbeiten, ungefähr nach der Hälfte der Zeit mit Salz abschmecken und bei Bedarf mehr Flüssigkeit hinzugeben.

Fleischmischung in eine tiefe Auflaufform geben. Blumenkohlpüree gleichmäßig auf dem Fleisch verteilen und mit einer dünnen Schicht frisch geriebenen Parmesans bestreuen. 30–40 Minuten backen, bis der Parmesan oben leicht goldbraun ist.

Zucchinispaghetti mit Bolognesesosse

(ergibt 2–4 Portionen)

Ich liebe meinen Spiralschneider! Das Gerät hat im Nu dafür gesorgt, dass ich meine geliebten Nudeln durch viel gesündere Zucchinispaghetti ersetzt habe. Ich möchte Sie ja nicht drängen, aber falls Sie noch keinen Spiralschneider haben, MÜSSEN Sie sich einen kaufen. Jetzt. Sofort! Ich warte!

4 EL Olivenöl
1 Zwiebel, fein gewürfelt
1 Karotte oder 6 Babykarotten, fein gewürfelt
1 Selleriestange, fein gewürfelt
55 g dick geschnittener Pancetta
450 g Rinderhack
2 große Knoblauchzehen, gehackt, oder 1 TL geriebener Knoblauch
1 TL Butter
2 TL Salz
1/2 TL Pfeffer
1/2 TL Knoblauchpulver
1/2 TL Zwiebelpulver
1 Dose (800 g) geschälte italienische Tomaten, entkernt und fein gehackt, Saft aufbewahren
125 ml Hühnerbrühe
1/2 TL Thymian, getrocknet
1 Lorbeerblatt
Salz und Pfeffer
2 EL Schlagsahne
2 EL Vollmilch
900 g Zucchinispaghetti
Frisch geriebener Parmesan zum Servieren

1 EL Olivenöl in einer großen, schweren Pfanne erhitzen, bis es zu schimmern beginnt. Zwiebel, Karotte, Sellerie und Pancetta hinzugeben und bei mittlerer Hitze unter mehrfachem Umrühren rund 8 Minuten braten, bis das Gemüse weich, aber noch nicht braun ist. Gemüsemischung in eine große Schüssel füllen.

Übrige 3 EL Olivenöl in die Pfanne geben und erhitzen, bis es zu schimmern beginnt.

Hackfleisch hinzugeben und bei mittlerer Temperatur rund 5 Minuten zartrosa braten. Gemüsemischung wieder in die Pfanne geben. Knoblauch, Butter, Salz, Pfeffer, Knoblauchpulver und Zwiebelpulver hinzugeben und bei hoher Temperatur rund 1 Minute glasig braten.

Tomaten mit Saft, Hühnerbrühe, Thymian und Lorbeerblatt unterrühren. Mit einer guten Prise Salz und Pfeffer würzen und bei hoher Temperatur zum Kochen bringen. Teilweise abdecken und bei mittlerer bis niedriger Temperatur 30 Minuten köcheln lassen. Lorbeerblatt entfernen. Sahne und Milch unterrühren, bis alles gut vermischt ist.

Zucchinispaghetti zur Soße geben und gut miteinander vermengen. Abdecken und weitere 30 Minuten bzw. bis die Spaghetti die gewünschte Konsistenz haben, köcheln lassen. Mit weiterem Salz und Pfeffer würzen. Spaghetti mit frisch geriebenem Parmesan servieren.

Würzige Schweinekoteletts

(ergibt 2–3 Portionen)

1 TL Salz
1 TL frischer Pfeffer
1 TL Knoblauchpulver
1 TL Zwiebelpulver
1 TL glutenfreie Sojasoße
1 TL geräuchertes Paprikapulver
1 TL Olivenöl, sowie etwas mehr für das Backblech
(bei Zubereitung im Ofen)
1 TL Espressopulver (optional, sorgt aber für ein herrliches Aroma)
450 g Schweinekotelett mit Knochen (circa 2–3 Stück)

Alle Zutaten miteinander zu einer grobkörnigen Paste vermengen. Diese über die Fleischteile des Schweinekoteletts reiben. Vor dem Grillen/Backen 15–30 Minuten bei Zimmertemperatur ruhen lassen.

Zubereitung auf dem Grill:

Grill auf 260 °C erhitzen und Schweinekoteletts von jeder Seite 5–7 Minuten grillen.

Zubereitung im Ofen:

Ofen auf 230 °C erhitzen. Backblech mit Alufolie auslegen. Eine dünne Schicht Olivenöl nur auf die Stellen streichen, auf der die Koteletts liegen werden. Schweinekoteletts auf das Backblech legen und 18–20 Minuten backen. Nach der Hälfte der Zeit die Koteletts wenden.

Schweinefilet-Medaillons

(ergibt 2–4 Portionen)

680–1100 g Schweinefilet, übermäßiges Fett wegschneiden

Marinade:
80 ml Olivenöl
4 EL glutenfreie Sojasoße
2 EL Orangensaft
1 EL Dijonsenf
1 Knoblauchzehe, gehackt
1/2 TL Pfeffer, frisch gemahlen
1 Prise Cayennepfeffer

Zutaten für die Marinade miteinander vermengen und in einen großen Gefrierbeutel geben. Schweinefilet in den Beutel mit der Marinade legen, diesen gut verschließen und das Filet durch Drehen und Wenden mit Marinade überziehen. Vor dem Grillen/Backen 1–8 Stunden im Kühlschrank marinieren.

Zubereitung auf dem Grill:

Ofen auf 260–285 °C vorheizen. Schweinefilet aus der Marinade nehmen (überschüssige Marinade wegschütten) und 15–20 Minuten bis zum gewünschten Garzustand grillen. 5–10 Minuten ruhen lassen, aufschneiden und servieren. Möglicherweise ist das Schweinefilet im Inneren noch hellrosa (nicht roh, wohlgemerkt, nur leicht hellrosa), gart aber noch weiter, während es ruht.

Zubereitung im Ofen:

Ofen auf 215 °C vorheizen. Schweinefilet aus der Marinade nehmen und in Alufolie wickeln. 25–30 Minuten bis zum gewünschten Garzustand backen. Aus dem Ofen nehmen und 5–10 Minuten ruhen lassen. Aufschneiden und servieren. Möglicherweise ist das Schweinefilet im Inneren noch hellrosa (nicht roh, wohlgemerkt, nur leicht hellrosa), gart durch die Alufolie aber noch weiter, während es ruht. Sie können den Saft in der Alufolie beim Aufschneiden und Servieren über das Schweinefilet träufeln, wenn Sie möchten (ich möchte das eigentlich immer).

Flamenquines (Schinken-Fleischröllchen)

(ergibt 4 Portionen)

Wer kommt schon auf die Idee, eine Art Schweinefleisch mit einer anderen Art Schweinefleisch zu umwickeln, das Ganze zu panieren, zu frittieren und zu essen? Ich.

450 g etwa 1 cm dickes Lendenkotelett, vom Schwein (etwa 5 Koteletts), ohne Knochen
Salz
Pfeffer, frisch gemahlen
dünne Scheiben Prosciutto-Schinken
2 Eier
1 EL Vollmilch
140 g Mandelmehl
Olivenöl zum Braten
Mayonnaise zum Servieren

Übermäßiges Fett von den Schweinekoteletts abtrennen. Jeweils ein Schweinekotelett zwischen Frischhaltefolie zu einem dünnen Schnitzel klopfen (circa 1/2 cm dick). Schnitzel auf die Arbeitsfläche legen, von einer Seite salzen und von beiden Seiten leicht mit Pfeffer würzen. Jedes Schnitzel mit einer Scheibe Prosciutto belegen und der Länge nach zusammenrollen.

In einer flachen Schüssel die Eier mit der Milch verquirlen. Die Schweineröllchen mit leichtem Druck zuerst in die Ei-Mischung und anschließend in das Mandelmehl tunken. Bis zum Braten auf einem Teller liegen lassen.

In eine gusseiserne Pfanne 1/2 cm hoch Olivenöl füllen und erhitzen, bis es schimmert. Temperatur des Öls testen, indem Sie ein wenig Mandelmehl in die Pfanne geben. Wenn das Mandelmehl schnell gebraten ist, ohne zu verbrennen, hat das Öl die richtige Temperatur. Schweineröllchen hineingeben und bei mittlerer Temperatur rund 5–8 Minuten unter häufigem Wenden braten, bis ein Fleischthermometer in der Mitte der Röllchen eine Temperatur von 70 °C anzeigt. Schweineröllchen auf Papiertücher legen und in der Mitte quer durchschneiden. Noch heiß mit einem Klecks Mayonnaise servieren.

ORANGEN-INGWER-SCHWEINEKOTELETTS

(ergibt 4 Portionen)

1 TL Orangenschale
Saft von 1/2 Orange
1 EL Olivenöl
2 EL glutenfreie Sojasoße
1 TL Knoblauch, gehackt
1 EL frischer Ingwer, in Stücke geschnitten
1/2 TL Knoblauch-Chili-Paste
Salz & Pfeffer
4 Schweinekoteletts mit Knochen

Orangenschale, Saft einer halben Orange, Olivenöl, Sojasoße, gehackten Knoblauch, Ingwerstücke und Chilipaste in einen Vitamix, Mixer oder eine Küchenmaschine geben. 10–15 Sekunden zu einer glatten Marinade verarbeiten.

Schweinekoteletts mit Salz und Pfeffer würzen, in einen Gefrierbeutel geben und die Marinade einfüllen. Verschließen und Koteletts 30 Minuten bis 8 Stunden im Kühlschrank marinieren.

Grill auf 260 °C bzw. eine gusseiserne Pfanne auf mittlere Temperatur erhitzen. Schweinekoteletts von jeder Seite 6–8 Minuten braten bzw. bis sie ganz durchgebraten sind.

Scaloppine vom Schwein

(ergibt 4–5 Portionen)

2 EL Olivenöl
1 TL Rosmarin, fein gehackt
1 TL Kapern, gehackt
1 TL Knoblauch, gehackt
Saft von 1 Zitrone
Salz und Pfeffer zum Würzen
450 g Schweinekotelett ohne Knochen, etwa 1 cm dünn geklopft
1 EL Butter

Olivenöl, Rosmarin, Kapern, Knoblauch, Zitronensaft, Salz und Pfeffer in einer flachen Pfanne oder Schüssel miteinander vermengen. Schweinekoteletts hineinlegen und im Kühlschrank – am besten mindestens eine Stunde – marinieren.

Ofen auf 260 °C vorheizen oder Butter bei hoher Temperatur in einer gusseisernen Pfanne erhitzen. Schweinekoteletts von jeder Seite 4–5 Minuten grillen bzw. braten.

Schweinerippchen ohne Knochen

(ergibt 6–8 Portionen)

1 1/2 TL Zwiebelpulver
1 TL Paprikapulver, geräuchert
1 TL Salz (sowie etwas mehr zum Würzen)
1/2 TL Pfeffer (sowie etwas mehr zum Würzen)
900 g Schweinerippchen ohne Knochen
4 EL Olivenöl
1 Zwiebel, dünn geschnitten
1 TL Knoblauch, gehackt
1/2 TL frischer Thymian, gehackt
250 ml Hühnerbrühe
1 EL Apfelessig

Zwiebelpulver, Paprika, Salz und Pfeffer in einer kleinen Schüssel vermengen. Schweinerippchen mit Küchenpapier trocken tupfen und anschließend mit der Gewürzmischung würzen. 2 EL Olivenöl in einer Pfanne erhitzen. Sobald es heiß ist, das Fleisch hineingeben und von jeder Seite rund 4 Minuten gut anbraten. Aus der Pfanne nehmen und auf einem Teller beiseitestellen.

Restliches Olivenöl und Zwiebel in die Pfanne geben. Abdecken und rund 5–7 Minuten braten, bis die Zwiebeln weich und goldbraun sind. Dann Knoblauch und Thymian hinzugeben und eine Minute weiterbraten. Brühe hineingeben und zum Kochen bringen. Schweinerippchen wieder in die Pfanne geben, abdecken und auf niedrige Temperatur stellen. Rund 15 Minuten zartweich köcheln. Schweinerippchen auf einen Teller legen. Essig unter die Soße rühren und mit einem Löffel über das Schweinefleisch geben.

Asiatischer Schweinelendenbraten

(ergibt 4–8 Portionen)

1350–1800 g Schweinelendenbraten
Salz und Pfeffer zum Würzen
3 EL Olivenöl
1 süße Zwiebel, geschnitten
2 Knoblauchzehen, gehackt
Saft von 1 Limette
3 EL glutenfreie Sojasoße
1 TL Senfmehl
1 TL frischer Pfeffer
2,5 cm Ingwer, frisch und geschält
1/2 TL Chinesische 5-Gewürze-Mischung
1 TL Fischsoße
1 TL Zitronengraspaste
1/2 TL Knoblauch-Chilipaste
3 EL Wasser

Schweinelendenbraten mit Salz und Pfeffer würzen. 1 EL Olivenöl bei mittlerer Temperatur in einer Pfanne erhitzen. Braten von jeder Seite rund 2–3 Minuten scharf anbraten, bis er überall braun ist. Vom Herd nehmen und in einen Schongarer geben.

Zwiebeln über und neben dem Braten in den Schongarer geben.

In einer mittelgroßen Schüssel die übrigen Zutaten zu einer Marinade verquirlen. Gesamte Marinade über den Braten gießen. Abdecken und auf höchster Stufe 4–6 Stunden in einem Schongarer garen.

Carnitas (Mexikanisches Schweinefleisch)

(ergibt 8–10 Portionen)

2 TL Salz
1 TL Pfeffer
2 TL Oregano
1 TL Kreuzkümmel
2 EL Olivenöl
900–1800 g Schweinekamm oder Schulterbraten
5 Knoblauchzehen, gehackt
1 Zwiebel, grob gehackt
1 Orange, halbiert
Zimt zum Bestäuben
Queso fresco, frischer Koriander und Limettenscheiben zum Servieren (optional)

Salz, Pfeffer, Oregano, Kreuzkümmel und Olivenöl zu einer Paste vermengen. Diese auf das Fleisch streichen. Fleisch in einen Schongarer geben und mit Knoblauch und Zwiebel bedecken. Orangenhälften über dem Schweinefleisch ausdrücken und dann die Orangenhälften in den Schongarer geben. Mit Zimt bestäuben, abdecken und auf höchster Stufe 4 Stunden garen.

Ofen auf 150 °C vorheizen.

Fleisch mit einer Gabel abziehen und größere Fettstücke entfernen und entsorgen. Fleisch in einem Bräter verteilen und Flüssigkeit und Zwiebeln aus dem Schongarer darübergeben. 20 Minuten bzw. bis das Schweinefleisch an den Enden knusprig ist, erhitzen. Heiß mit Queso fresco, frischem Koriander und Limettenscheiben servieren.

Gebratene Kräuter-Lammkoteletts

(ergibt 4–6 Portionen)

900 g Lammkoteletts
Salz und Pfeffer
1 EL frischer Rosmarin, gehackt
4 Knoblauchzehen, gehackt
1 TL frische Thymianblätter
1/2 TL Oregano, getrocknet
2 EL Olivenöl

Ofen auf 200 °C vorheizen.

Koteletts auf ein mit Alufolie ausgelegtes Backblech legen. Jedes Kotelett von beiden Seiten mit reichlich Salz und Pfeffer würzen. Rosmarin, Knoblauch, Thymian, Oregano und Olivenöl in einer Schüssel zu einer Paste vermengen. Koteletts von jeder Seite mit der Paste bestreichen.

Pfanne erhitzen. Sobald sie heiß ist, Koteletts hineingeben und 2 Minuten von jeder Seite braten. Koteletts wieder auf das mit Alufolie ausgelegte Backblech legen und Kräuterreste aus der Pfanne kratzen. 20–25 Minuten, je nach gewünschtem Garzustand, im Ofen backen.

Supereinfaches Brathähnchen

(ergibt 2–4 Portionen)

Wenn Sie ein perfektes Hähnchen zubereiten können, sind Sie jederzeit in der Lage, Ihre Lieben mit nur wenigen Zutaten zu beköstigen. Ein Hähnchen im Ofen wärmt nicht nur das Haus, nein, es duftet auch noch gut. Profi-Tipp: Braten Sie das Hähnchen in einer kleineren Backform, sodass der Saft heruntertropft und die Zwiebeln karamellisiert. Wenn Sie diese karamellisierten Mordsdinger dann zum Hähnchen servieren, sind Sie der absolute Held.

1 freilaufendes junges Bio-Hühnchen (1350–1800 g)
4 EL Meersalz
1 Zwiebel, dünn geschnitten
2 EL Butter, in kleinen Stücken
3 Zitronenscheiben
Kräuter (was Sie zu Hause haben: Basilikum, Petersilie, Salbei, Rosmarin und/oder Thymian)
2 EL Olivenöl
Pfeffer zum Würzen
4 EL Hühnerbrühe (optional, als Flüssigkeit zum Begießen)

Hähnchen waschen und mit Küchenpapier trocknen. Innereien, falls vorhanden, entnehmen. Hähnchen mit der Hälfte des Meersalzes einreiben. Rest des Salzes in das Innere des Hähnchens schütten. Hähnchen auf einem Teller 30 Minuten bis 4 Stunden in den Kühlschrank stellen.

Hähnchen aus dem Kühlschrank nehmen und 20 Minuten bei Zimmertemperatur stehen lassen. Ofen auf 200 °C vorheizen.

In eine viereckige, 20 x 20 cm große Backform die Zwiebelscheiben legen, sodass sie in einer einzigen Schicht den Boden der Backform bedecken. Das Hähnchen mit der Brustseite nach oben direkt auf die Zwiebeln legen.

Mit dem Zeigefinger die Haut des Hähnchens von der Brust lösen. Kleine Stücke Butter, auf jeder Seite zwei, unter die Haut schieben und die Haut wieder über die Brust ziehen. Zuerst die Zitronenscheiben und anschließend die Kräuter in das Hähncheninnere geben, sodass die Kräuter noch etwa herausschauen. Dann das Hähnchen gleichmäßig mit Olivenöl bestreichen und mit Pfeffer würzen.

In den Ofen schieben und 15 Minuten braten, dann mit Fett begießen. Temperatur auf 190 °C verringern und 1 Stunde weiterbraten. Dabei das Hähnchen alle 15 Minuten mit Fett begießen. Wegen der Trockenheit im Ofen können Sie Hühnerbrühe unter das Hähnchen und über die Zwiebeln gießen, damit das Bratenfett gut fließt. Falls das Hähnchen aussieht, als würde die Haut an der Brust verbrennen, decken Sie es mit Alufolie ab. Das Hähnchen ist fertig, wenn Sie zwischen Schenkel und Brust einen Schnitt machen und klarer Fleischsaft austritt.

Hähnchenbrust Milanese im Mandelmantel

(ergibt 4 Portionen)

Hähnchen Milanese ist einfach nur ein origineller klingender Ausdruck für „gebratenes Hähnchenschnitzel". Dieses Gericht eignet sich auch hervorragend als alleiniges Gericht an einem Wochentag. Schneiden Sie das Hähnchen in Streifen und schon haben Sie Hähnchensticks für die Kinder. Oder peppen Sie es mit wenigen zusätzlichen Schritten zu Hühnchen in Parmesankruste auf.

4 Hähnchenbrüste, auf eine Dicke von rund 1,5 cm geklopft
Salz & Pfeffer
115 g Mandelmehl
2 EL Olivenöl

Hähnchenbrüste gut salzen und pfeffern. Mandelmehl in eine flache Schüssel füllen. Hähnchen in das Mandelmehl drücken, sodass es vollständig bedeckt ist.

1 EL Olivenöl in einer antihaftbeschichteten Pfanne bei mittlerer Temperatur erhitzen und darauf achten, dass das Öl schimmert, ehe Sie das Fleisch in die Pfanne geben. 2 Hähnchenbrüste rund 5–8 Minuten von jeder Seite braten, bis sie durchgebraten sind und das Mandelmehl eine schöne braune Farbe angenommen hat. Zweiten EL Öl hinzugeben. Heiß werden lassen, dann die weiteren zwei Hähnchenbrüste hinzugeben und rund 5–8 Minuten von jeder Seite braten, bis sie durchgebraten sind.

Überbackene Hähnchenbrust

(ergibt 3–4 Portionen)

Marinade
2 EL Olivenöl
1 TL Knoblauch, gehackt
7–10 Basilikumblätter, gehackt
2 Dosen (je 400 g) Tomaten, püriert
85 g Tomatenmark
1 TL Salz sowie etwas mehr zum Abschmecken
Pfeffer
1 EL Butter

Hühnchen
450 g Hähnchenbrust ohne Knochen, vom Fett befreit und rund 1,5 cm dick geklopft
Salz und Pfeffer
115 g Mandelmehl zum Panieren
2 EL Olivenöl
100 g Mozzarella, gerieben

Ofen auf 175 °C vorheizen. In einer mittelgroßen Pfanne das Olivenöl auf mittlere Temperatur bringen und darin Knoblauch und Basilikum 2–3 Minuten sautieren. Pürierte Tomaten, Tomatenmark, 1 TL Salz und eine Prise frischen Pfeffer hinzugeben. Tomaten zum Kochen bringen, die Butter hinzugeben und mit einem Holzlöffel einrühren. Temperatur etwas reduzieren. Soße köcheln lassen, während Sie das Hähnchen vorbereiten, und Soße alle 10 Minuten mit etwas Salz und Pfeffer nachwürzen.

Hähnchenbrüste mit Salz und Pfeffer würzen. Das Mandelmehl in einer flachen Schüssel verteilen. Hähnchenbrüste in das Mandelmehl drücken, sodass es vollständig bedeckt ist. Olivenöl bei mittlerer Temperatur in einer Pfanne erhitzen, bis es schimmert, weil es sehr heiß ist, aber darauf achten, dass das Öl nicht zu rauchen beginnt. Die panierten Hähnchenbrüste von jeder Seite 6–7 Minuten braten. Hühner in eine Auflaufform geben.

Die Hälfte des Mozzarellas über die Hähnchenbrüste streuen. Mit einem Löffel Soße über das Huhn/den Mozzarella geben, bis alles vollständig bedeckt ist (etwas Soße zum Servieren aufbewahren). Restlichen Mozzarella über die Soße und das Huhn streuen. 10 Minuten bzw. bis der Käse geschmolzen ist und Blasen wirft, im Ofen backen. Wenn gewünscht, mit der restlichen Soße servieren.

Torris „frittierte" Hähnchenkeulen

(ergibt 4–6 Portionen)

Wie kommen Torris „frittierte" Hühnerbeine über die Straße? Ganz, ganz vorsichtig ... auf einer Schicht Antihaft-Alufolie.

Torri Anders ist seit 2 Jahren meine Trainerin und ich genieße jede Sekunde, die wir miteinander verbringen. Wir tauschen uns häufig über Rezepte und unsere Gefühle aus und ich bitte sie ständig, mir diese Hähnchenkeulen zu machen. Ironischer- bzw. gerade nicht ironischerweise bedeutet Torris Name „Hühnchen" auf Japanisch. Und außerdem hat sie selbst die dünnsten, hübschesten, leicht gebräunten, kleinen Hühnerbeine, die es gibt.

Sie hat mir gesagt, dass ich Ihnen bei diesem Rezept zwei Tricks verraten soll:

1. Nehmen Sie auf jeden Fall Antihaft-Alufolie, sonst können Sie sich von der Panade verabschieden, wenn Sie die Hähnchenkeulen von der Alufolie heben.

2. Achten Sie auf ein schnelles Tempo, wenn Sie die Hähnchenkeulen bestreuen und panieren, weil das Mandelmehl schnell klumpig wird. Wahrscheinlich müssen Sie zwischendurch Ihre Hände waschen, weil das Panieren eine ziemliche Schweinerei ist.

Olivenöl
450–900 g Hähnchenkeulen (etwa 12 Stück)
Salz zum Würzen
2 Eier
4 EL Konditorsahne
170 g Mandelmehl
Scharfe Soße zum Garnieren

Ofen auf 200 °C vorheizen. Antihaft-Alufolie auf ein großes Backblech legen. Olivenöl auf die Alufolie träufeln.

Hähnchenkeulen mit Salz würzen. In einer flachen Schüssel Eier und Konditorsahne verquirlen. Mandelmehl in eine andere flache Schüssel geben und diese neben die Schüssel mit dem feuchten Ei-/Sahneteig stellen.

Hähnchenkeulen in den feuchten Teig drücken, dann in Mandelmehl rollen und auf das Backblech legen. Vorgang mit allen Hähnchenkeulen wiederholen. Ein paar weitere Spritzer Olivenöl über jede Hähnchenkeule geben.

30 Minuten backen, dann die Hähnchenkeulen vorsichtig mit einer Zange wenden. Darauf achten, die Panade nicht abzuziehen. Weitere 30 Minuten goldbraun und knusprig braten. Wenn Sie es noch knuspriger wünschen, den Ofen abstellen und die Hähnchenkeulen weitere 15–20 Minuten im Ofen lassen. Mit einer scharfen Soße servieren.

Hähnchen mit Artischocke, Spinat und Kirschtomaten

(ergibt 4 Portionen)

4 Hähnchenbrüste, rund 1,5 cm dick geklopft
Salz und Pfeffer zum Würzen
2 EL Olivenöl
2 Schalotten, gehackt
1 TL Butter
170–280 g Artischockenherzen aus der Dose, trocken getupft, geviertelt, raue Enden abschneiden und entsorgen
125 ml Konditorsahne
125 ml Hühnerbrühe
175 g Kirschtomaten, halbiert
1–2 Handvoll frischer Spinat
120 g Parmesankäse, gerieben

Hähnchenschnitzel salzen und pfeffern. Olivenöl in einer Pfanne auf mittlere Temperatur erhitzen und Hähnchenschnitzel von jeder Seite 6–8 Minuten durchbraten. Hähnchen aus der Pfanne nehmen und mit Alufolie abdecken.

In der gleichen Pfanne die gehackten Schalotten und die Butter rund 2 Minuten weich dünsten; darauf achten, dass sie nicht anbrennen. Anschließend die Artischockenherzen hinzugeben und 3 Minuten braten.

Konditorsahne und Hühnerbrühe dazugießen, zum Kochen bringen und anschließend 3–4 Minuten köcheln lassen. Kirschtomaten und Spinat hinzugeben, schwenken, bis alles mit Soße bedeckt ist und der Spinat zusammengefallen ist (3–4 Minuten).

Pfanne vom Herd nehmen. Parmesan unterrühren, bis dieser geschmolzen ist. Hähnchenbrüste wieder in die Soße geben, damit bedecken und servieren.

Zitronen-Brokkoli-Huhn

(ergibt 3–4 Portionen)

4 EL Olivenöl
1 Beutel (340 g) Brokkoliröschen, in kleine Stücke geschnitten
300 ml Hühnerbrühe
3–4 Hähnchenbrüste, Fett entfernt
Salz und Pfeffer zum Würzen
4 EL Kokosmehl
1 EL Butter
1 Schalotte, fein gehackt
125 ml Konditorsahne
1 TL Worcestershiresauce
Saft von 1/2 Zitrone
40 g Parmesankäse, frisch gerieben

2 EL Olivenöl in einer großen, ofenfesten Pfanne erhitzen, bis es sehr heiß ist (aber nicht raucht). Brokkoli hineingeben und braten, bis er langsam Grillabdrücke bekommt, dabei nach 1 Minute wenden. 4 EL der Hühnerbrühe hinzugeben, Pfanne abdecken und rund 5 Minuten kochen, bis der Brokkoli weich und hellgrün wird. Brokkoli in eine Schüssel füllen und Pfanne auswischen.

Hähnchenbrüste mit Salz und Pfeffer würzen. Kokosmehl in eine flache Schüssel geben und Hähnchenbrüste leicht mehlen. 2 EL Olivenöl in der Pfanne erhitzen, sodass es heiß ist, aber nicht raucht. Hähnchen von jeder Seite rund 3–4 Minuten braun braten. Hähnchen auf einen Teller legen und beiseitestellen.

Temperatur der Pfanne auf mittlere Hitze reduzieren und Butter und Schalotten hinzugeben, 30 Sekunden braten, aber darauf achten, dass die Butter nicht anbrennt. Übrige Hühnerbrühe, Konditorsahne und Worcestershiresauce hinzugeben. Zum Kochen bringen und dabei alle Hähnchenreste am Boden abkratzen. Hähnchen wieder in die Pfanne geben und die Stücke mit der Soße bedecken. Bei mittlerer Temperatur 10 Minuten weiterköcheln lassen, nach der Hälfte der Zeit wenden.

Herdplatte auf höchste Stufe stellen. Hähnchen aus der Pfanne nehmen und in kleinere Stücke schneiden. Soße mit Salz und Pfeffer würzen und rund 7–8 Minuten weiter kochen, bis sie reduziert und eingedickt ist. Pfanne vom Herd nehmen, die Hälfte des Parmesans und den Zitronensaft unterrühren. Wenn nötig, noch einmal mit Salz und Pfeffer nachwürzen. Hähnchen und Brokkolistücke wieder in die Pfanne geben und mit der Soße vermengen. Mit dem übrigen Parmesan bestreuen. 5–7 Minuten braten, bis der Parmesan eine goldene Farbe hat. Sofort servieren.

Hähnchen Dijon

(ergibt 4 Portionen)

Salz und Pfeffer
4 Hähnchenbrüste, rund 1,5 cm dick geklopft
125 ml Olivenöl
4 EL Dijonsenf
2 Knoblauchzehen, grob gehackt
1 TL Knoblauchsalz
3 Scheiben Schinkenspeck, in 1,5 cm breite Streifen geschnitten
1 süße Zwiebel, dünn geschnitten
30 g geriebener Gruyère-Käse
5–6 Basilikumblätter, gehackt, zum Garnieren
Salsa zum Garnieren (optional)

Hähnchenbrüste leicht salzen und pfeffern. Öl, Senf, Knoblauch und Knoblauchsalz verquirlen. Über die Hähnchenbrüste gießen und diese bedecken. 30 Minuten bis 2 Stunden im Kühlschrank marinieren.

In einer gusseisernen Pfanne bei mittlerer Temperatur den Speck braten. Speck aus der Pfanne nehmen und auf einen Teller legen, das Fett aber in der Pfanne lassen. In der Pfanne die Zwiebelscheiben rund 8–10 Minuten im Speckfett bei mittlerer Temperatur braten, bis sie karamellisiert sind. Zwiebeln zum Speck auf den Teller geben.

In der Pfanne die Hähnchenbrüste bei mittlerer Temperatur von jeder Seite rund 5–7 Minuten durchbraten. Hähnchen mit Gruyère, Zwiebeln und Speckstücken garnieren. Mit gehacktem Basilikum und einem Klecks frischer Salsa servieren.

Chicken Tikka Masala

(ergibt 4–6 Portionen)

450–900 g Hähnchenschenkel, ohne Haut, ohne Knochen, in rund 4 cm große Stücke geschnitten
2 1/2 TL Salz
1 TL Kreuzkümmel
1 TL Zimt
2 EL Olivenöl
60 g Zwiebeln, fein gehackt
1 1/2 EL Knoblauch, gehackt
2 EL Ingwer, geschält und gehackt
1 Jalapeño, entkernt und gehackt
1 TL Garam Masala, gekauft oder selbst gemacht (siehe Seite 194)
1/2 TL Paprikapulver
125 ml Hühnerbrühe
125 ml Konditorsahne
2 Dosen (à 400 g) Tomaten, gehackt, nicht abgetropft
130 g Blumenkohlröschen
110 g grüne Bohnen, in 2,5 cm breite Stücke geschnitten
2 EL Butter

Hähnchenstücke mit 1 TL Salz sowie Kreuzkümmel und Zimt besprenkeln. 1 EL Olivenöl in einem Le Creuset-Bräter oder ähnlich großen Topf bzw. einem Dutch Oven bei mittlerer Temperatur erhitzen. Huhn rund 5 Minuten im Topf anbraten, bis es eine braune Farbe angenommen hat, aber noch nicht durchgegart ist. Huhn aus dem Topf nehmen und beiseitestellen.

Restliches Olivenöl in den Topf gießen, Zwiebel, Knoblauch, Ingwer und Jalapeño hinzufügen und rund eine Minute bei mittlerer Temperatur sautieren. Auf niedrige Temperatur reduzieren und weitere fünf Minuten, bis das Gemüse weich ist, weiterköcheln. Garam Masala und Paprika in den Topf geben und eine Minute unter ständigem Rühren weiterkochen. Übrige 1 1/2 TL Salz, Hühnerbrühe, Konditorsahne und Tomaten hinzugeben und braune Stücke am Topfboden abkratzen. Bei hoher Temperatur zum Kochen bringen. Dann auf niedrige Temperatur reduzieren und ohne Deckel 15 Minuten köcheln lassen.

Während die Soße köchelt, den Blumenkohl und die grünen Bohnen rund 8 Minuten weich dämpfen. Anschließend beiseitestellen. Soße in einen

Vitamix oder Mixer geben (5–10 Sekunden verarbeiten, bis alles püriert ist). Soße wieder in den Dutch Oven füllen. Hühnchen und Gemüse hinzugeben. Rund 6 Minuten köcheln, bis das Huhn durchgegart ist. Butter in den Topf geben und rühren, bis sie geschmolzen ist. Sofort servieren.

In meinem Garten hängen viele reife Zitronen, die ich verbrauchen muss. Wenn Sie vorbeikommen, gebe ich Ihnen ein paar Kilo, versprochen. Und bis dahin mache ich einfach immer wieder diese simplen, preisgünstigen Hähnchenschenkel.

Durch die Zitrone schmeckt die Haut so knusprig und zum Dahinschmelzen. Kaufen Sie Hähnchenschenkel mit Knochen und unbedingt MIT Haut.

Zitronige Hähnchenschenkel

(ergibt 4–6 Portionen)

Saft von 2 Zitronen
4 EL Olivenöl
1 EL Meersalz
10–12 Hähnchenschenkel mit Knochen und Haut
Salz und Pfeffer zum Würzen

Saft von 2 Zitronen, Olivenöl und Salz in einer großen Schüssel vermengen. Hähnchenschenkel in die Flüssigkeit legen und gut damit bedecken. 1–6 Stunden im Kühlschrank marinieren und während der letzten 30 Minuten auf Zimmertemperatur bringen.

Ofen auf 215 °C vorheizen. Hähnchenschenkel aus der Marinade nehmen und mit der Haut nach oben in einen Bräter oder eine Auflaufform legen. 45 Minuten braten. Mit einem Messer in einen Schenkel schneiden, um den Garzustand zu überprüfen. Es sollte klarer Fleischsaft austreten oder die Temperatur auf dem Fleischthermometer sollte 80–82 °C betragen. Falls sie noch nicht gar sind, die Hähnchenschenkel wieder für 5 Minuten in den Ofen schieben.

Hähnchen vor dem Servieren 5 Minuten ruhen lassen. Mit Salz und Pfeffer abschmecken. Sofort servieren.

Gebratene Salbeiblätter
100 g Butter oder 125 ml Olivenöl
20 frische Salbeiblätter, grob geschnitten
Salz

Butter in einer kleinen Pfanne bei niedriger Temperatur erhitzen. Salbeiblätter hineinlegen. Sie werden langsam gar, während die Butter warm wird, und sind nach 8–14 Minute knusprig. Vorsichtig mit einem Schaumlöffel aus der Butter nehmen und auf Küchenpapier abtropfen lassen. Mit Salz besprenkeln, solange sie noch warm sind, und zu den Hähnchenschenkeln servieren.

Thai-Basilikumhähnchen mit Gemüse à la Tarq

(ergibt 4–6 Portionen)

Adrian Tarquinio ist der Grill-Champion von Leesburg, Virginia, und ich bin ihm ewig dafür dankbar, dass er mir dieses Rezept verraten hat, als ich damals seinen Bruder heiratete … und dafür, dass er mit mir seitdem unzählige Flaschen Failla Zinfandel getrunken hat.

900 g Hähnchenbrust ohne Knochen
125 ml glutenfreie Sojasoße
125 ml Fischsoße
4 EL Knoblauch-Chilipaste
4 EL glutenfreie Hoisin-Sauce
6–8 große Knoblauchzehen, geschält und gehackt
1 Bund Basilikum, Blätter gehackt
125 ml Olivenöl
1 süße Zwiebel, grob geschnitten
Paprika in 4 verschiedenen Farben, in Stücke geschnitten

Hähnchenbrüste säubern, Fett entfernen und in Streifen schneiden. Hähnchenstreifen in einen großen Gefrierbeutel geben.

Sojasoße, Fischsoße, Knoblauch-Chilipaste, Hoisin-Sauce, Knoblauch, Basilikum und Olivenöl in einer mittelgroßen Schüssel verquirlen. Die Hälfte der Marinade in den Gefrierbeutel mit dem Hähnchen geben. Die andere Hälfte der Marinade zurückbehalten. Bis zum Grillen den Gefrierbeutel mit dem marinierenden Hähnchen in den Kühlschrank legen.

Die übrige Hälfte der Marinade in zwei Hälften teilen. Eine Portion zum Servieren in den Kühlschrank stellen. Mit der anderen Portion die Zwiebel- und Paprikastücke in einem anderen großen Gefrierbeutel marinieren.

Grill oder gusseiserne Pfanne auf mittlere Temperatur erhitzen. Hähnchen aus der Marinade nehmen und den Gefrierbeutel entsorgen. Das Hähnchen braten, bis es gar ist.

In einer Gemüsegrillpfanne oder separaten gusseisernen Pfanne Zwiebeln und Paprika weich grillen oder sautieren.

Übrige Marinade auf Zimmertemperatur bringen und als Soße zum Dippen servieren oder über das Hähnchen und das Gemüse gießen.

Brathähnchensalat

(ergibt 3–4 Portionen)

Hähnchensalat ist im Sommer ein beliebtes und einfaches Mittagessen. Am besten im Voraus machen und am nächsten Tag in einer Kühlbox mit zur Arbeit nehmen. Ich nehme ein ganz normales Brathähnchen, aber falls Ihres weniger gesalzen und gewürzt ist, sollten Sie dem Dressing etwas mehr Würze verleihen. Sie können den Hähnchensalat jederzeit nachwürzen, wenn das Brathähnchen zu fad schmeckt.

Brathähnchen, Fleisch abgezupft und geschnitten
1 Gala-Apfel, geschält, entkernt und zerkleinert
6 Mini Cornichons, gehackt
3 Selleriestangen, gehackt
125 ml Olivenöl
1 EL Mayonnaise
1 TL Dijonsenf
Salz und Pfeffer zum Würzen

In einer großen Schüssel Hähnchen, Apfel, Cornichons und Sellerie vermengen.

In einer kleineren Schüssel Olivenöl, Mayonnaise, Dijonsenf, eine Prise Salz und eine Prise Pfeffer verquirlen. Über den Hähnchensalat gießen, miteinander vermischen, bis alle Zutaten gut bedeckt sind.

Mit Hühnchen gefüllter Eichelkürbis auf marokkanische Art

(ergibt 4 Portionen)

2 Eichelkürbisse, längs halbiert und entkernt
2 EL Pinienkerne
2 EL Olivenöl
1/2 braune oder gelbe Zwiebel, fein gehackt
1 TL Knoblauch, gehackt
250 g Brathähnchen, in kleine Stücke gehackt
1 TL Zimt, gemahlen
1/2 TL Muskatnuss, gemahlen
1 TL Salz
50 g Mandelmehl
4 EL Wasser

Ofen auf 200 °C vorheizen. Kürbis mit der aufgeschnittenen Seite nach unten auf ein Backblech legen. Rund 45 Minuten weich backen. Abkühlen lassen. Wenn der Kürbis kühl genug ist, das weiche Fruchtfleisch mit einem Löffel herausnehmen und die Schalen zum Servieren aufbewahren.

In einer kleinen antihaftbeschichteten Pfanne die Pinienkerne bei hoher Temperatur rösten. Währenddessen häufig schwenken, damit sie nicht anbrennen. Nach 3–4 Minuten sind sie geröstet, dann vom Herd nehmen.

Während der Kürbis im Backofen ist, Olivenöl in einer großen Pfanne bei mittlerer Temperatur erhitzen. Zwiebeln hinzugeben und rund 5 Minuten weich braten. Knoblauch hinzugeben und eine Minute weiterbraten. Hähnchenstücke, Zimt, Muskat und 1 TL Salz hinzufügen. Hähnchen unter häufigem Umrühren rund 3–5 Minuten erhitzen, bis es leicht knusprig ist.

Ofen auf 150 °C vorheizen. Mandelmehl zu der Zwiebel-Hähnchen-Mischung geben und umrühren, bis alles gut vermischt ist. Wasser hineinschütten und umrühren. Auf niedrige Temperatur reduzieren, Kürbisfruchtfleisch und geröstete Pinienkerne hinzugeben, umrühren. Gleichmäßig auf die Kürbishälften verteilen und wieder in den Ofen schieben, bis sie nach rund 15 Minuten oben braun sind.

Raffinierte Putenburger

(ergibt 6–8 Patties)

2 EL Frühlingszwiebeln, fein geschnitten
30 g Sellerie, fein gehackt
1 Apfel der Sorte Granny Smith, geschält und gewürfelt
2 EL Olivenöl zum Sautieren
1/2 TL Zitronenschale
600 g Puten- bzw. Truthahnhackfleisch
1 TL Salz
1 TL schwarzer Pfeffer, frisch gemahlen
1 TL Tabascosauce
Saft von 1/2 Zitrone
Käse, Salat, Tomatenscheiben, Avocadoscheiben zum Belegen

Frühlingszwiebeln, Sellerie und Apfel rund 8 Minuten in 1 EL Olivenöl weich sautieren. Abkühlen lassen. Sautierte Zutaten und Zitronenschale in eine Mini-Küchenmaschine oder einen Mixer füllen und pürieren.

Putenhack in eine große Rührschüssel geben. Pürierte Zutaten, Salz, Pfeffer, Tabasco, Zitronensaft und -schale hinzugeben. Mischen und zu gleichmäßigen Patties formen, in die Mitte eine Delle drücken, damit die Burger sich beim Grillen nicht wölben. 30 Minuten in den Kühlschrank stellen.

Grill auf hohe Temperatur stellen oder restlichen EL Olivenöl bei hoher Temperatur in einer gusseisernen Pfanne erhitzen. Jede Seite 3–4 Minuten grillen bzw. braten, bis das Fleisch richtig durchgebraten ist. 5 Minuten ruhen lassen. Mit Käse und anderen Zutaten nach Geschmack belegen.

Einfache Putenburger

(ergibt 4 Patties)

Dies ist ein sehr einfaches Rezept für Putenburger, die Sie auch an einem gewöhnlichen Dienstagabend schnell machen können, ohne dafür auch nur die Küchenmaschine oder den Mixer hervorkramen zu müssen. Ich serviere dazu gerne Nonnis Brokkolini, wenn ich ein 30-minütiges Dinner in Windeseile zaubern muss.

450 g Puten- bzw. Truthahnhackfleisch
2 EL glutenfreie Sojasoße
4 EL Bio-Ketchup
1/2 TL Zwiebelpulver
1/2 TL Knoblauchpulver
1 Ei
1 EL Olivenöl
Große Kopfsalatblätter
Tomatenscheiben
Käsescheiben

In einer großen Rührschüssel Hackfleisch, Sojasoße, Ketchup, Zwiebelpulver, Knoblauchpulver und Ei vermengen. Zu Patties formen und eine Delle in die Mitte drücken, damit sich die Patties nicht zu stark wölben. Olivenöl in einer antihaftbeschichteten Pfanne auf mittlere Temperatur erhitzen und Burgerpatties von jeder Seite rund 5–8 Minuten gut durchbraten. In große Kopfsalatblätter wickeln und mit Tomatenscheiben und Käse belegen.

Putenhackbraten

(ergibt 3–4 Portionen)

450 g Puten- bzw. Truthahnhackfleisch, in Bioqualität
1 Zwiebel, fein gehackt
85 g Tomatenmark
2 Knoblauchzehen, gehackt
2 Eier
115 g Mandelmehl
1/2 TL Zwiebelpulver
1 TL Salz
1/2 TL Pfeffer
40 g Parmesan, gerieben
1 TL Olivenöl zum Ölen der Pfanne

Ofen auf 175 °C vorheizen. In einer großen Rührschüssel die Zutaten mit der Hand gründlich vermengen. Eine 10 x 20 cm große Hackbratenform einölen. Hackbratenmischung in die eingeölte Bratenform geben und 45–55 Minuten im Ofen gut durchbraten.

Puteneintopf mit Knödeln auf Südstaatenart

(ergibt 4–6 Portionen)

Gebratene Putenbrust

1 Zwiebel, geschnitten
5–8 Thymianzweige
1 Puten- bzw. Truthahnbrust, mit Knochen und Haut, rund 900–1350 g
3 EL Butter, in kleinen Stücken
1 EL Olivenöl
Salz und Pfeffer
Hühnerbrühe zum Begießen, bei Bedarf

Ofen auf 200 °C vorheizen. Zwiebelscheiben flach auf den Boden einer 22 x 22 cm großen Backform legen und mit den Thymianzweigen bedecken. Putenbrust auf die Thymianzweige legen. Butterstücke unter die Haut schieben. Haut mit 1 EL Olivenöl einreiben. Großzügig mit Salz und Pfeffer würzen. 60–75 Minuten braten und alle 15–20 Minuten mit Bratenfett begießen. Falls das Bratenfett austrocknet, Hühnerbrühe dazugeben. Durchgaren; wenn Sie hineinschneiden, sollte klarer Fleischsaft austreten.

Zwiebeln aus der Pfanne aufbewahren, hacken und als Grundlage für die Eintopfgrundlage verwenden (siehe unten).

Putenbrust in 2,5 cm große Stücke schneiden.

Eintopfgrundlage

3 Selleriestangen, gehackt
10 Babykarotten, gehackt
2 EL Olivenöl
Übrige Zwiebeln von der gebratenen Putenbrust, gehackt
1/4 TL Zwiebelpulver
1/4 TL Knoblauchpulver
1/2 TL Thymianblätter
50 g dünne grüne Bohnen, in mundgerechte Stücke geschnitten
1/2 TL Xanthan
750 ml Hühnerbrühe
4 EL Konditorsahne

Sellerie und Karotten bei mittlerer Hitze rund 8–10 Minuten in Olivenöl sehr weich garen. Gehackte Zwiebeln, Zwiebelpulver, Knoblauchpulver, Thymianblätter und grüne Bohnen hinzugeben und alles gleichmäßig verteilen. Xanthan gleichmäßig auf der Mischung verteilen. 750 ml Hühnerbrühe hinzugießen. Zum Kochen bringen. Hitze reduzieren und Putenstücke hinzugeben. Mit einem Löffel die Knödel in den Eintopf geben (siehe unten). Abdecken, 25–30 Minuten köcheln lassen und währenddessen Knödel einmal wenden, damit sie richtig gar werden. Temperatur ausstellen und Konditorsahne unterrühren.

Knödel

115 g Mandelmehl
65 g Kokosmehl
2 Eier
1 TL Salz
1/2 TL Pfeffer
1/4 TL Thymianblätter, frisch

Alle Zutaten in einer Schüssel zu einem feuchten Teig vermengen. Anschließend den Teig mit einem Esslöffel nach und nach in den Eintopf geben (siehe oben).

Mit Putenhack gefüllte grüne Paprikaschoten auf italienische Art

(ergibt 4–5 Portionen)

Mögen Sie Paprika? Und am besten noch gefüllte Paprika? Sehr gut, denn bei diesem Rezept können Sie munter drauflos füllen. Füllen Sie die Paprika mit allem Möglichen, was Ihre Familie mag, oder einfach nur mit dem, was Sie mögen. Durch Selbst gemachte Marinara-Soße und Blumenkohl-„Reis" kommt das Rezept ganz ohne Getreide aus.

4–5 grüne Paprika (oder süße oder würzige Paprikaschoten Ihrer Wahl)
130 g Blumenkohlröschen, ohne Stiel, im Vitamix oder der Küchenmaschine zu „Reis" verarbeitet
1/2 gelbe oder braune Zwiebel, gehackt
3 Selleriestangen, fein gehackt
2 EL Olivenöl
450 g Putenhack
1 TL Salz
1/2 TL Zwiebelpulver
1/2 TL Knoblauchpulver
1/2 TL Oregano, getrocknet
1/2 TL Basilikum, getrocknet
Selbst gemachte Marinara-Soße (siehe Seite 190)
100 g Mozzarella, gerieben
Parmesan, frisch gerieben, zum Garnieren

Ofen auf 200 °C vorheizen.

Von den Paprikaschoten den Deckel abschneiden, Paprikaschoten aushöhlen und Kerne entsorgen. Ausreichend Wasser in einen Topf füllen, dass die Paprikaschoten bedeckt sind, Wasser zum Kochen bringen, Paprika hineingeben und 10–15 Minuten weich kochen. Aus dem Wasser holen und abkühlen lassen.

Blumenkohlreis in eine Schüssel füllen, mit Klarsichtfolie abdecken und 1 1/2 Minuten in der Mikrowelle garen. Überschüssiges Wasser mit Küchenrolle herausdrücken. Beiseitestellen.

In einer großen Pfanne bei mittlerer Temperatur Zwiebeln und Sellerie im Olivenöl weich garen (6–8 Minuten). Putenfleisch hinzugeben und mit einem Pfannenwender in kleine Stücke teilen. Mit Salz, Zwiebelpulver, Knoblauchpulver, Oregano und Basilikum würzen. Gründlich durchrühren, damit das Putenfleisch gar wird. Vom Herd nehmen.

In einer großen Rührschüssel die Putenmischung, 180 ml Marinara, Blumenkohlreis und die Hälfte des geriebenen Mozzarellas vermengen. Paprikaschoten mit der offenen Seite nach oben in eine 20 x 20 cm große Backform stellen. Etwas Käse unten in die Paprikaschoten streuen. Puten-Blumenkohlmischung mit einem Löffel in die grünen Paprikaschoten füllen. Anschließend den übrigen Mozzarella und den Rest der Soße darübergeben. 25–30 Minuten im Ofen backen.

Aus dem Ofen nehmen. Mindestens 5 Minuten ruhen lassen. Mit frisch geriebenem Parmesan garnieren und genießen!

Linsenburger mit pikantem griechischem Joghurt

(ergibt 4–5 Patties)

Diese Linsenburger sind ein tolles und einfaches Gericht für einen fleischfreien Freitag. Servieren Sie sie in einem Salatblatt und mit einem Klecks griechischem Joghurt – verfeinert mit scharfer Soße – und Sie werden das Fleisch überhaupt nicht vermissen.

200 g grüne Linsen
1 l Wasser
1 kleine süße Zwiebel, in Stücke geschnitten
120 g Mandelmehl
2 Eier, leicht geschlagen
2 EL Schnittlauch, gehackt
1 1/2 TL Salz
2 EL Olivenöl
Rotblättriger oder anderer Kopfsalat, ganze Blätter, zum Servieren
1 TL scharfe Soße
125 ml griechischer Joghurt

Linsen, 1 TL Salz und 1 l Wasser in einer Pfanne zum Kochen bringen, Temperatur reduzieren und rund 30 Minuten köcheln lassen, bis die Linsen weich sind. Abtropfen und zum Abkühlen beiseitestellen.

Die Hälfte der Linsen, die Zwiebelstücke, 60 g Mandelmehl, die Hälfte vom geschlagenen Ei und den Schnittlauch in einen Vitamix oder eine Küchenmaschine geben. Alles zu einer Paste verarbeiten. Anschließend in eine große Schüssel füllen und die übrigen ganzen Linsen, den Rest des Mandelmehls und vom geschlagenen Ei sowie 1/2 TL Salz unterziehen und gründlich vermengen.

2 EL Olivenöl in einer antihaftbeschichteten Pfanne bei mittlerer Temperatur erhitzen. Linsenmischung zu Patties formen und vorsichtig in die heiße Pfanne legen. Aufgrund der vielen Feuchtigkeit in der Mischung sind die Patties nicht sehr fest, also geben Sie sie vorsichtig in das Öl, damit die Pattie-Form nicht zerstört wird.

Von jeder Seite rund 3 Minuten knusprig und braun braten, dabei darauf achten, dass die Pfanne nicht zu heiß wird. Auf ganzen Salatblättern servieren. Scharfe Soße mit dem griechischen Joghurt verquirlen und einen Klecks pikanten Joghurt auf jeden Linsenburger geben.

Cuisinart

Kapitel drei: Suppen, Aufläufe und Rezepte für den Schongarer

Pittsburgher Puten-Chili ... 112

Quesadilla-Auflauf ... 115

Bürgermeisterstück aus dem Schongarer ... 116

Schmorbraten aus dem Schongarer ... 117

Rinderbrust aus dem Schongarer ... 118

Querrippe aus dem Schongarer ... 120

Superzarte Barbecue-Rippchen ... 121

Barbecue Pulled Pork ... 122

Grünes Chili mit Schweinefleisch ... 123

Zucchini-Gratin ... 124

Auberginen-Parmesan-Auflauf ... 125

Zucchini-Gratin mit Wurst ... 126

Herzhafter Tomateneintopf ... 128

Jackies Erbsensuppe ... 129

Geröstete Linsen- und Blumenkohlsuppe ... 130

Low-Carb-Vichyssoise ... 132

Hühner-Salbei-Suppe ... 133

Selbst gemachte Hühnerbrühe ... 135

Albondigas in Kohlsuppe ... 136

Einfacher Rindfleisch-Champignon-Eintopf ... 139

Cremige Spargel-Pilz-Suppe mit Zwiebeln ... 140

Pittsburgher Puten-Chili

(ergibt 6–8 Portionen)

2 EL Olivenöl
4 Selleriestangen, fein gehackt
2 Knoblauchzehen, gehackt
1 große braune Zwiebel, fein gehackt
900 g Bio-Putenhack
(mit höchstmöglichem Fettanteil)

1 EL Chilipulver
2 TL Salz
1/2 TL Zimt
1/2 TL Basilikum, getrocknet
1/2 TL Oregano, getrocknet

1/2 TL Piment
1/2 TL Kreuzkümmel
1/2 TL schwarzer Pfeffer, frisch gemahlen

3 Dosen (je 400 g) stückige Bio-Tomaten, im Mixer püriert
85 g Bio-Tomatenmark
1 EL Rotweinessig
1 Hühnerbouillonwürfel
15 g dunkle Schokolade, fein gehackt

Für einen zusätzlichen Gemüsekick:
110 g Artischockenherzen aus der Dose, abgetropft und gehackt
2 Zucchini, geschnitten

Zum Garnieren:
175 g geriebener Colby Jack oder Cheddarkäse
Crème fraîche oder Sauerrahm

Olivenöl in einem großen Topf, Le Creuset-Bräter, Dutch Oven oder Schongarer erhitzen. Wenn es schimmert, Sellerie, Knoblauch und gehackte Zwiebel hineingeben und sautieren, bis alles weich ist. Pute hinzugeben und Fleischbrocken zerkleinern. Braten, bis das Fleisch seine rosa Farbe verloren hat.

Chilipulver, Salz, Zimt, Basilikum, Oregano, Piment, Kreuzkümmel und Pfeffer in einer kleinen Schüssel gründlich vermengen. Diese trockene Gewürzmischung zur Pute geben. Unter Rühren rund eine Minute braten.

Pürierte Tomaten, Tomatenmark, Rotweinessig, optionales Gemüse, Bouillonwürfel und Schokolade hinzugeben. Zum Kochen bringen, dann auf niedrige Temperatur reduzieren. Abdecken und rund eine Stunde lang köcheln lassen.

Deckel abnehmen, umrühren und Chili weitere 30 Minuten köcheln lassen.

Geriebenen Käse und Crème fraîche in separate Schüsselchen geben. Chili servieren und die Gäste ihre Toppings selbst auswählen lassen.

Zubereitung im Schongarer:

Zwiebeln, Knoblauch und Sellerie sautieren, dann das Putenfleisch in einer Pfanne braten. Alle trockenen Gewürze in einer kleinen Schüssel gründlich vermengen. Trockene Gewürzmischung zum Putenfleisch geben und unter Rühren rund eine Minute braten. Mischung in einen Schongarer füllen und die restlichen Zutaten hinzugeben, umrühren. Schongarer auf „hoch" stellen und 2 Stunden kochen. Servieren.

Quesadilla-Auflauf

(ergibt 4 Portionen)

450 g Rinder- oder Putenhackfleisch
Selbst gemachte Taco-Würzmischung (siehe Seite 196)
4 EL Wasser
2 EL Olivenöl
1 Zwiebel, dünn geschnitten
(oder Zwiebeln in Limettensaft, siehe Seite 199)
1 rote Paprika, dünn geschnitten
90 g Champignons, gehackt
1 große Handvoll Spinat
4 EL milde grüne Chilischoten, geröstet
4 EL mexikanische rote Salsa
60 g würziger, geriebener Käse
Griechischer Joghurt und Salsa zum Garnieren

Ofen auf 175 °C vorheizen. In einer großen Pfanne Hackfleisch sautieren und dabei große Fleischstücke zerkleinern. Abtropfen, wieder in die Pfanne geben, Selbst gemachte Taco-Würzmischung und 4 EL Wasser hinzugeben. Vermengen, auf niedrige Temperatur stellen und 5–10 Minuten weiterköcheln lassen.

Währenddessen in einer anderen Pfanne das Olivenöl bei mittlerer Temperatur erhitzen. Zwiebel und Paprika rund 8 Minuten weich sautieren. Pilze hinzugeben, 5–6 Minuten weiter sautieren, bis sie ebenfalls weich sind. Spinat, grüne Chilischoten und Salsa hinzugeben. Vermengen, bis der Spinat zusammengefallen ist. Vom Herd nehmen.

Hackfleisch in eine 20 x 20 cm große Auflaufform geben. Mit einer dünnen Schicht Käse bestreuen, anschließend die Gemüsemischung gleichmäßig darauf verteilen. Mit dem restlichen Käse bestreuen und rund 15 Minuten im Ofen backen, bis der Käse geschmolzen ist und Bläschen wirft. Aus dem Ofen nehmen und vor dem Servieren 10 Minuten ruhen lassen. Mit griechischem Joghurt und Salsa garnieren.

Bürgermeisterstück aus dem Schongarer

(ergibt 4–6 Portionen)

Diese süchtig machende, weich-saftige Version eines Schmorbratens basiert auf dem Rezept meiner Tante Diane für Gebratenes Rindfleisch auf Brot – einem ihrer Lieblingsrezepte damals in Wisconsin, das sie jeden Sonntag für das Spiel der Packers machte. Und als ich heiratete, verriet sie mir das Rezept. Im Laufe der Jahre änderte ich es immer wieder ab, sodass ich irgendwann auch das Brot wegließ. Denn das Fleisch schmeckt allein schon verflixt gut.

900–1.350 g Bürgermeisterstück
Salz und Pfeffer zum Würzen des Bratens
125 ml Wasser
1 Rinderbouillonwürfel
1/2 TL Knoblauchsalz
1 EL Worcestershiresauce
1 EL Dijonsenf
1/2 TL Oregano, getrocknet
1 Zwiebel, geschnitten

Braten gründlich salzen und pfeffern. Alle übrigen Zutaten in den Schongarer geben, das Bürgermeisterstück darauflegen. 4–5 Stunden auf höchster oder 8–10 Stunden auf niedrigster Stufe garen. Fleisch und Zwiebeln aus dem Schongarer nehmen und den übrig gebliebenen Saft aufbewahren. Fleisch auseinanderzupfen. Mit den Zwiebeln und dem Saft aus dem Schongarer servieren.

Schmorbraten aus dem Schongarer

(ergibt 4–6 Portionen)

1.800 g Braten (z. B. Rinderhals, Schmorfleisch aus der Keule oder Bürgermeistersteak)
Salz und Pfeffer
2 EL Olivenöl
2 EL Dijonsenf
1 Zwiebel, grob gehackt
10 Babykarotten
3 Selleriestangen, gehackt
250 ml Rinder- oder Hühnerbrühe
1 EL Rotweinessig

Den ganzen Braten mit Salz und Pfeffer einreiben. Olivenöl in einer Pfanne bei mittlerer Temperatur erhitzen und den Braten darin von jeder Seite rund 3 Minuten anbraten. Braten vom Herd nehmen und beiseitestellen. Bratenfett aufbewahren und in einen Schongarer geben.

Angebratenen Braten mit Dijonsenf bestreichen. Zwiebel und Gemüse in den Schongarer geben und den Braten darauflegen. Brühe und Rotweinessig hineingeben. Weitere Prise Salz und Pfeffer hinzugeben.

Schongarer abdecken und bei schwacher Hitze 8–10 Stunden oder bei hoher Hitze 4–6 Stunden garen.

Rinderbrust aus dem Schongarer

(ergibt 4–6 Portionen)

1 große gelbe oder braune Zwiebel, in Scheiben geschnitten
Salz und Pfeffer
1.350–1.800 g Rinderbrust (kaufen Sie die größte Rinderbrust, die in Ihren Schongarer passt; sie schrumpft nämlich ziemlich)
4 EL Olivenöl
4 EL glutenfreie Sojasoße
170 g Tomatenmark
125 ml Wasser
1/2 Bouillonwürfel, zu Pulver zermahlen (Hühnchen, Rind oder Gemüse)
1 TL Senfmehl
2 EL Rotweinessig
1/2 TL Zwiebelpulver
1/2 TL Knoblauchpulver

Zwiebelscheiben in einer Lage auf den Boden des Schongarer legen. Rinderbrust mit Salz und Pfeffer einreiben. Rinderbrust mit der Fettseite nach oben auf die Zwiebelscheiben legen.

Restliche Zutaten miteinander verquirlen, bis Sie eine Soße mit der Konsistenz von Ketchup erhalten. Über den Braten gießen. Bei schwacher Hitze 8 Stunden im Schongarer garen.

Falls Sie keinen Schongarer haben, können Sie auch einen Dutch Oven benutzen. Alle oben aufgeführten Zutaten miteinander vermischen, abdecken und 8 Stunden bei 120 °C garen.

Querrippe aus dem Schongarer

(ergibt 4–6 Portionen)

900–1.800 g Querrippe, ohne Knochen, übermäßiges Fett wegschneiden
Salz und Pfeffer zum Würzen der Querrippe
1 TL geräuchertes Paprikapulver
2 Knoblauchzehen, gehackt
1 TL Oregano, frisch und gehackt (zur Not geht auch 1 TL getrockneter Oregano)
1 EL Rotweinessig
125 ml Ketchup
1 EL Senf
1 TL glutenfreie Sojasoße
1 Prise Schwarzes Hawaii-Salz (findet man in Gourmetgeschäften, aber Meersalz geht auch sehr gut)
3–4 Thymianzweige, frisch

Querrippe mit Salz und Pfeffer würzen. Querrippe in einen Schongarer geben.

In einer Schüssel die übrigen Zutaten mit Ausnahme der Thymianzweige zu einer Soße verquirlen. Über die Querrippe gießen und diese in der Soße wenden, anschließend die Thymianzweige darauflegen. Bei hoher Temperatur in einem abgedeckten Schongarer 3 Stunden lang garen, bis die Querrippe so weich ist, dass sie fast zerfällt. Thymianzweige vor dem Servieren herausnehmen.

Superzarte Barbecue-Rippchen

(ergibt 4–6 Portionen)

900 g Dicke Rippe, mit Knochen (oder Kotelettrippen)
Salz und Pfeffer
1 Zwiebel, dünn geschnitten
1/2 TL Knoblauchpulver
1/2 TL Zwiebelpulver
250 ml Hühnerbrühe

Rippchen salzen und pfeffern. Eine antihaftbeschichtete Pfanne bei höchster Temperatur erhitzen und das Fleisch von beiden Seiten anbraten. Rippchen zusammen mit Zwiebelscheiben, Knoblauchpulver, Zwiebelpulver und Hühnerbrühe in den Schongarer geben. Bei hoher Temperatur 4–6 Stunden oder bei niedriger Temperatur 8–10 Stunden garen, bis das Fleisch weich ist und sich fast schon von selbst vom Knochen löst.

Rippchen mit Barbecuesoße (siehe Seite 188) servieren.

Barbecue Pulled Pork

(ergibt 8–10 Portionen)

2 Zwiebeln, geschnitten
1 EL Paprikapulver
2 TL Salz
1/2 TL Pfeffer, frisch gemahlen
1.350–1.800 g Schweinekammbraten, ohne Knochen
180 ml Apfelessig
4 TL Worcestershiresauce
1 TL Chiliflocken
1/2 TL Senfmehl
1/2 TL Knoblauchsalz
1/4 TL Cayennepfeffer
60–125 ml Barbecuesoße (siehe Seite 188)
Rot- und Grünkohlsalat (siehe Seite 165)
Eingelegtes Gemüse zum Servieren

Geschnittene Zwiebeln auf den Boden eines Schongarer geben.

Paprikapulver, Salz und Pfeffer vermengen und den Braten damit vollständig einreiben. Braten auf die Zwiebeln in den Schongarer legen.

Essig, Worcestershiresauce, Chiliflocken, Senf, Knoblauchsalz und Cayennepfeffer gründlich verquirlen. Essigmischung über den Braten träufeln. Schongarer abdecken und bei geringer Hitze 10–12 Stunden garen.

Fleisch und Zwiebeln aus dem Schongarer nehmen und in eine Schüssel geben. Fleisch mit zwei Gabeln zerpflücken. Nach Geschmack mit Ihrer Lieblingsbarbecuesoße würzen. Mit Rotkohl-Krautsalat und eingelegtem Gemüse servieren.

Grünes Chili mit Schweinefleisch

(ergibt 8–10 Portionen)

2 EL Olivenöl
1 süße Zwiebel, gehackt
1.350–1.800 g Braten von der Schweinelende, -schulter oder -kamm, übermäßiges Fett wegschneiden, in ca. 2,5 cm große Würfel geschnitten
250 ml Grüne Salsa (siehe Seite 200)
500 ml Hühnerbrühe
Salz und Pfeffer
Avocadoscheiben, gehackter Koriander und Crème fraîche zum Garnieren
Limettenscheiben zum Servieren

Olivenöl bei mittlerer Temperatur in einer großen (gusseisernen) Pfanne erhitzen, Zwiebeln darin 3–5 Minuten weich sautieren. Schweinestücke 4–5 Minuten anbraten, dabei wenden, sodass alle Seiten gleichmäßig braun werden. Salsa und Brühe hinzugeben, zum Kochen bringen und mit Salz und Pfeffer würzen. 1 Stunde bei niedriger Temperatur köcheln lassen. Währenddessen 3- bis 4-mal mit Salz und Pfeffer nachwürzen, bis der gewünschte Geschmack erreicht ist.

Mit Avocadoscheiben, gehacktem Koriander und einem Klecks Crème fraîche garnieren und mit Limettenscheiben servieren.

Zucchini-Gratin

(ergibt 4 Portionen)

1 EL Olivenöl
1 EL Butter
1–2 Schalotten, gehackt
1 Paprika, gehackt
1 Prise Knoblauchsalz
1 Prise Oregano
Butter zum Einfetten der Pfanne
3–4 Zucchini, in Scheiben geschnitten
(ich benutze dafür einen Gemüsehobel)
Salz und Pfeffer
5–6 EL Ricottakäse, vollfett
120 g Colby Jack-Käse, gerieben
4 EL Konditorsahne

Ofen auf 175 °C vorheizen.

Olivenöl und Butter in einer antihaftbeschichteten Pfanne bei mittlerer Temperatur erhitzen. Schalotten hineingeben und 3–5 Minuten braten, bis sie zu karamellisieren beginnen. Paprika, Knoblauchsalz und Oregano hinzugeben. Ein paar Minuten weiterbraten, bis die Schalotten karamellisiert sind und die Paprika weich ist. Vom Herd nehmen und beiseitestellen.

Eine 23 x 33 cm große Backform mit Butter einfetten. Je eine Schicht Zucchinischeiben in die Backform legen, dabei die Scheiben gleichmäßig verteilen, so wie Sie es auch für überbackene Kartoffeln machen würden. Jede neue Zucchinischicht mit Salz und Pfeffer würzen. Ricotta über die erste Zucchinischicht streuen. Auf die zweite Zucchinischicht eine Handvoll geriebenen Käse geben. Auf der dritten Schicht die Konditorsahne gleichmäßig verteilen und auf die vierte Schicht die Schalotten und die Paprikamischung geben. Mit den Resten des geriebenen Käses garnieren.

30 Minuten bei 175 °C backen bzw. bis das Gratin oben leicht braun ist und Bläschen wirft.

Auberginen-Parmesan-Auflauf

(ergibt 4–6 Portionen)

2 große Auberginen, in 1 cm dicke Scheiben geschnitten
Salz und Pfeffer
115 g Mandelmehl
2 EL italienische, glatte Petersilie, fein gehackt
1 TL Knoblauchsalz
Selbst gemachte Marinara-Soße (siehe Seite 190)
225 g Mozzarella-Käse, zerkleinert
40 g Parmesan, gerieben

Auberginen zubereiten, indem sie zum „Schwitzen“ gebracht werden. Dafür Salz auf beide Seiten der Auberginenscheiben streuen. Gesalzene Auberginenscheiben auf einem Backblech ausbreiten und 15–20 Minuten ruhen lassen. Währenddessen die Marinara-Soße machen.

Ofen auf 200 °C vorheizen. In einer flachen Schüssel Mandelmehl, gehackte Petersilie und Knoblauchsalz vermengen. Auberginenscheiben in die Mandelmehlmischung tunken. Da sie im Salz gelegen haben, „schwitzen“ die Auberginen. Durch dieses überschüssige Wasser kann die Mandelmehlmischung besser an den Auberginenscheiben haften bleiben.

Ausreichend Marinara-Soße in eine gefettete Auflaufform gießen, bis der Boden bedeckt ist. Panierte Auberginenscheiben in der Auflaufform verteilen und eine dünne Schicht Marinara-Soße darübergießen. Mit der Hälfte des Mozzarellas und Parmesans bestreuen. Eine zweite Lage Auberginenscheiben in die Backform schichten, bis alle Auberginen verbraucht sind. Eine weitere Handvoll Käse gleichmäßig darüberstreuen.

30 Minuten im Ofen backen bzw. bis der Käse Bläschen wirft und langsam goldbraun wird.

Zucchini-Gratin mit Wurst

(ergibt 4 Portionen)

Was kommt dabei heraus, wenn wir das Grundrezept für Zucchini-Gratin mit den Resten der mit Wurst gefüllten Pilze kombinieren? Die Antwort lautet: Zucchini-Gratin mit Wurst, ein Rezept, das jetzt schon legendär ist. Das Gericht mag wirklich jeder, darum muss ich das Rezept immer verdoppeln und zwei Auflaufformen benutzen, um die anstürmenden Massen satt zu kriegen.

2 EL Olivenöl
1 kleine Zwiebel, gehackt
1 rote Paprika, gehackt
225 g Champignons, gehackt
450 g Ihrer Lieblingswurst; Pelle entsorgen
1 EL Rotweinessig
35 g Mandelmehl
4 EL Boursin-Käse (der ursprüngliche, feste Käse, nicht der Weichkäse)
3–4 Zucchini, in Scheiben geschnitten
Butter zum Einfetten einer 23 x 33 cm großen Backform
Salz und Pfeffer zum Würzen
120 g Colby Jack oder Cheddar-Käse, gerieben

In einer großen Pfanne das Olivenöl bei mittlerer Temperatur erhitzen. Zwiebeln und Paprika darin 3–4 Minuten weich dünsten. Pilze hinzugeben und weitere 5–6 Minuten weich sautieren. Zwiebel-, Paprika- und Pilzmischung an den äußeren Rand der Pfanne schieben. Wurst hineingeben und während des Bratens in kleine Stücke teilen. Nach dem Braten überschüssiges Fett abschütten.

Rotweinessig einrühren. Mandelmehl darüberstreuen und unterrühren. Vom Herd nehmen und Boursin-Käse hinzugeben und unterziehen, bis eine gleichmäßige und cremige Mischung entstanden ist. In der Pfanne die Mischung in drei Teile teilen und beiseitestellen, während Sie die Zucchini machen.

In der Zwischenzeit den Ofen auf 175 °C vorheizen. Zucchini waschen und mit einem Messer, Gemüsehobel oder einer Küchenmaschine mit Schneideeinsatz in Scheiben schneiden. Eine 23 x 33 cm große Auflaufform mit einer dünnen Schicht Butter einfetten. Eine Schicht Zucchini in die Form legen, sodass sich die Scheiben leicht überlappen. Mit Salz und Pfeffer würzen. Ein Drittel der Soßenmischung darübergeben und mit einem Drittel des geriebenen Käses garnieren. Anschließend noch zwei Lagen Zucchini, Gewürze, Wurstmischung und Käse darübergeben, bis alle Zutaten aufgebraucht sind.

Mit Alufolie abdecken und 30 Minuten bei 175 °C im Ofen backen. Alufolie entfernen und rund 15 Minuten weiterbacken, bis der Käse goldbraun ist und Bläschen wirft.

Herzhafter Tomateneintopf

(ergibt 4–8 Portionen)

3 EL Olivenöl
2 Karotten, gehackt
1 kleine Zwiebel, gehackt
1 Knoblauchzehe, fein gehackt
1 Zucchini, in Scheiben geschnitten
1/2 TL Chiliflocken
1/2 TL Salz
1/2 TL schwarzer Pfeffer, frisch gemahlen
800 ml gekaufte oder selbst gemachte Marinara-Soße (siehe Seite 190)
500 ml Hühnerbrühe
Parmesan zum Servieren

Olivenöl in einem großen Topf bei mittlerer Temperatur erhitzen. Karotten, Zwiebel und Knoblauch hineingeben und rund 3–5 Minuten weich kochen. Zucchini, Chiliflocken, Salz und Pfeffer hinzugeben und vermengen. Marinara-Soße und Hühnerbrühe hinzufügen. 30 Minuten zu einem herzhaften Eintopf reduzieren. In Schüsselchen umfüllen und mit frisch geriebenem Parmesan servieren.

Jackies Erbsensuppe

(ergibt 6–8 Portionen)

Jackie ist die wunderbare Frau, die früher alles in meinem Leben zusammengehalten hat. Aber Jackie hat vor Kurzem einen kleinen Sohn bekommen, der den allersüßesten Namen hat, den es gibt: Axel! Er ist schon jetzt ein kleiner Herzensbrecher. Jackie ist jetzt also mit ihrer Mutterrolle beschäftigt, hat mir aber das Rezept für die köstlichste Erbsensuppe der Welt gegeben. (Übersetzung: In Wahrheit habe ich ihr das Rezept geklaut, hoffe aber, sie merkt es nicht.)

1 Zwiebel, gewürfelt
3 Selleriestangen
70 g Babykarotten, gehackt
2 EL Olivenöl
Salz und Pfeffer
1/2 TL Zwiebelpulver
1/2 TL Thymian, getrocknet
1 TL Oregano
5 Knoblauchzehen, fein gehackt
450 g Spalterbsen, getrocknet, gründlich abgespült
2 l gekaufte oder selbst gemachte Hühnerbrühe
3 Lorbeerblätter
1 Schinkensteak, am besten mit Knochen
Geriebener Cheddar-Käse und Sauerrahm zum Garnieren (optional)

In einem großen Topf oder Dutch Oven Zwiebel, Sellerie und Karotten in Olivenöl bei mittlerer Temperatur rund 8–10 Minuten weich dünsten. Mit Salz und Pfeffer würzen und umrühren. Zwiebelpulver, getrockneten Thymian, getrockneten Oregano und gehackten Knoblauch hinzugeben, dann umrühren. Abgespülte Spalterbsen, Hühnerbrühe und Lorbeerblätter hinzugeben. Zum Kochen bringen. Schinkensteak hineingeben. Temperatur reduzieren, sodass alles nur noch köchelt. Abdecken und 2 Stunden köcheln lassen. Lorbeerblätter herausnehmen und wegwerfen. Schinkensteak herausnehmen und in kleine Würfel schneiden. Wieder in den Topf zur Suppe geben. Wenn die Suppe besonders glatt sein soll, diese in einem Mixer pürieren, während Sie das Schinkensteak schneiden (das ist aber nicht nötig). Optional mit Cheddar-Käse und Sauerrahm servieren bzw. für eine milchfreie Variante diese Zutaten weglassen.

Geröstete Linsen- und Blumenkohlsuppe

(ergibt 4–6 Portionen)

2 EL Olivenöl
1/2 große Zwiebel, fein gehackt
4 Selleriestangen, fein gehackt
1 Karotte, fein gehackt
3 Thymianzweige (sowie etwas mehr zum Garnieren)
Salz und Pfeffer
1/2 TL Zwiebelpulver
1/2 TL Knoblauchpulver
1/2 TL Oregano, getrocknet
1/2 TL Basilikum, getrocknet
200 g grüne Linsen, abgespült und abgetropft
1 l gekaufte oder selbst gemachte Hühnerbrühe
350 g Blumenkohlröschen, in kleine Stücke geschnitten
60 g geräucherter Gouda, gerieben
40 g Parmesan, gerieben

Öl in einem großen Topf oder Dutch Oven bei mittlerer Temperatur erhitzen. Zwiebel, Sellerie, Möhre und Thymian hinzugeben. Mit Salz, Pfeffer, Knoblauchpulver, Zwiebelpulver, Oregano und Basilikum würzen. Gelegentlich umrühren und rund 8 Minuten weich kochen. Linsen und Brühe hinzugeben und alles aufkochen. Dann Temperatur reduzieren, abdecken und rund 30 Minuten köcheln, bis die Linsen weich sind. Blumenkohl einrühren und Temperatur auf mittlere Hitze stellen. Köcheln, bis der Blumenkohl gerade weich ist (rund 3 Minuten). Thymianzweige herausnehmen und nach Geschmack mit Salz und Pfeffer würzen.

Ofengrill anstellen. Darauf achten, dass das Backofenrost 15 cm von den Heizelementen entfernt ist. Suppe auf vier feuerfeste Auflaufförmchen oder Suppenschüsselchen verteilen. Mit Käse bestreuen und 3–4 Minuten goldbraun grillen. Mit Thymian garnieren und sofort servieren.

Nantucket's
Best

Low-Carb-Vichyssoise

(ergibt 2–4 Portionen)

Bei dieser Vichyssoise nehmen wir statt den üblichen Kartoffeln einfach unseren vielseitigen Freund, den Blumenkohl. Dadurch wird sie genauso reichhaltig, sättigend und samtweich wie ihre stärkehaltige Großmutter.

1 süße Zwiebel, dünn geschnitten
2 Lauchstangen, gründlich gewaschen und in dünne Scheiben geschnitten
350 g Blumenkohlröschen (oder ein Blumenkohlkopf), gehackt
1 TL Salz
1/2 TL Pfeffer
1/2 TL Zwiebelpulver
1/2 TL Knoblauchpulver
500 ml Hühnerbrühe
125 ml Konditorsahne
Olivenöl zum Garnieren

In einer großen Pfanne Zwiebeln, Lauch und Blumenkohl bei mittlerer Temperatur rund 10 Minuten in Olivenöl dünsten. Salz, Pfeffer, Zwiebelpulver und Knoblauchpulver hinzugeben und gründlich verrühren. Hühnerbrühe hinzugießen, zum Kochen bringen, abdecken, Temperatur reduzieren und Gemüse 15–20 Minuten weich garen.

Inhalt in einen Vitamix oder Mixer geben. Rund 5 Minuten zu einer glatten Suppe pürieren. Nach 4 Minuten die Konditorsahne hinzugeben und eine Minute weiterpürieren. Im Winter heiß, im Sommer kalt servieren. Mit Olivenöl beträufeln.

Hinweis: Falls Sie keinen Vitamix oder vergleichbaren Mixer haben, können Sie die Suppe auch im Topf mit einem Pürierstab pürieren und dann durch ein Sieb geben, damit die Vichyssoise samtweich wird.

Hühner-Salbei-Suppe

(ergibt 4–6 Portionen)

Bei dieser Version einer Hühner-Nudelsuppe werden Sie die Nudeln garantiert nicht vermissen. Nehmen Sie Hühnchenreste vom Supereinfachen Brathähnchen (oder einem anderen Brathähnchen), sodass die Suppe in weniger als 30 Minuten zubereitet ist. Hähnchenkarkasse aufbewahren, dann können Sie daraus Brühe für die nächste Hühnersuppe kochen.

1 EL Olivenöl
1 gelbe Zwiebel, gehackt
3 Selleriestangen, gehackt
2 Karotten, geschält und gehackt
1/2 TL Oregano, getrocknet
1/2 TL Basilikum, getrocknet
1/2 TL Thymian, getrocknet
1/2 TL Zwiebelpulver
1/2 TL Knoblauchpulver
12 Salbeiblätter, gehackt
1 l Hühnerbrühe
1 Brathähnchen, helles und dunkles Fleisch abgezupft und/oder in circa 1,5 cm große Stücke geschnitten
frisch geriebener Parmesan zum Garnieren

In einem großen Dutch Oven oder Le Creuset-Bräter das Olivenöl auf mittlere Temperatur erhitzen, bis es schimmert. Dann Zwiebeln, Sellerie und Karotten sehr weich sautieren, rund 8–10 Minuten. Oregano, Basilikum, Thymian, Zwiebelpulver und Knoblauchpulver hinzugeben und gut mit dem Gemüse vermengen. Salbeiblätter hinzugeben und 3–5 Minuten weiterkochen. Hühnerbrühe dazugießen. Kurz aufkochen, dann Temperatur reduzieren und köcheln lassen. Hühnchen hineingeben und 15–20 Minuten köcheln. Sofort servieren und mit frischem Parmesan garnieren.

Cuisinart

Selbst gemachte Hühnerbrühe

(ergibt 2-2,5 Liter)

Hühnerbrühe ist sozusagen das kleine Schwarze Ihrer Küche. Sie kommt nie aus der Mode und Sie können sie im Grunde zu jeder Gelegenheit kochen. Immer, wenn ich Hähnchen zubereite, mache ich aus der übrig gebliebenen Hähnchenkarkasse Hühnerbrühe. Zwar ist das Rezept einfach, aber der Geschmack ist weitaus intensiver als der jeder gekauften Brühe. Sie können alle Kräuter- und Gemüsesorten verwenden, die Sie möchten: Pilze, Fenchel, Lauch, Pastinaken, Knoblauch, Schalotten oder was auch immer Sie gerade zu Hause haben. Ein Bouquet Garni ist ein fest verschnürter Bund frischer Kräuter (Sie sollten dafür besser richtiges Küchengarn nehmen, Bridget Jones). Sie können die Kräuter aber auch genauso gut lose hineinwerfen oder von jedem Kraut einen Teelöffel der getrockneten Version nehmen. Merken Sie, wie einfach das ist? Super!

1 Brathähnchenkarkasse
8 Babykarotten
2 Selleriestangen, zweimal durchgehackt
1 Zwiebel, geviertelt (wenn Sie möchten, mit Schale – einfach ausprobieren!)
1 Lorbeerblatt
1 Bouquet Garni aus frischen Kräutern, die Sie dahaben; ich nehme immer Oregano, Thymian und Salbei
2 TL Salz
1 TL frischer Pfeffer
1 EL Apfelessig
ausreichend Wasser, um das ganze Huhn in einem großen Suppentopf zu bedecken

Alle Zutaten in einen großen Topf geben. Aufkochen lassen, dann die Temperatur verringern und 3–4 Stunden köcheln. Währenddessen ab und an mit einem Holzlöffel die Hühnerknochen herunterdrücken. Brühe durch ein Abtropfsieb gießen und 1/2 Stunde abkühlen lassen. Dann Brühe durch ein feineres Sieb gießen, um Knochenreste auszusieben. In einen tiefkühltauglichen Behälter gießen und einfrieren bzw. bis zu 5 Tage im Kühlschrank aufbewahren.

Albondigas in Kohlsuppe

(ergibt 6–8 Portionen)

Hackbällchen
450 g Rinderhack (ich nehme Roastbeef-Hack)
35 g Mandelmehl
1 Ei, geschlagen
1 EL frische Minze, fein gehackt
1 TL Salz
1 Prise Kreuzkümmel

Suppe
1 EL Olivenöl
1/2 Zwiebel, fein gehackt
2 Knoblauchzehen, fein gehackt
2 l Hühnerbrühe (selbst gemacht, falls vorhanden)
2 Hühnerbouillonwürfel
1 Dose (400 g) Tomaten, gehackt (Saft aufbewahren)
70 g Grünkohl, grob gehackt
4–6 Babykarotten, geschnitten
Salz und Pfeffer zum Würzen

Alle Zutaten für die Hackbällchen in eine große Schüssel geben und gleichmäßig mit der Hand vermengen. Zu circa 2,5–4 cm großen Hackbällchen formen.

In einem Le Creuset-Bräter oder Dutch Oven die Zwiebeln im Öl weich sautieren. Knoblauch hinzugeben und 3–5 Minuten weiterdünsten. Hühnerbrühe und Bouillonwürfel hineingeben und zum Kochen bringen. Darauf achten, dass sich die Bouillonwürfel richtig auflösen. Hackfleischbällchen in die Brühe geben und wieder zum Kochen bringen. Ab und an den Schaum von der Suppe schöpfen.

Hitze auf mittlere Temperatur reduzieren und Tomaten und aufbewahrten Saft hineingeben. Abdecken und 20 Minuten köcheln lassen.

Grünkohl und Karotten hinzugeben, abdecken und weitere 20–30 Minuten köcheln lassen. Bei Bedarf mit Salz und Pfeffer würzen.

Einfacher Rindfleisch-Champignon-Eintopf

(ergibt 4–6 Portionen)

Man muss nicht einfach gestrickt sein, um diesen Einfachen Rindfleisch-Champignon-Eintopf zu genießen. Sie können es sich sogar noch einfacher machen! Und zwar durch einen Schongarer. Diesem Eintopf auf Tomatenbasis verleihen Rind aus Weidehaltung und Champignons eine Herzhaftigkeit, die Sie für Stunden sättigt. Bei der Benutzung eines Schongarers sogar ohne jeglichen Aufwand. Die Familie ist glücklich ... alles ist gut.

450 g Rindergulasch aus Weidehaltung, gewürfelt
1/2 TL Zwiebelpulver zum Würzen des Rindfleisches
1 gelbe Zwiebel, grob gehackt
3 Selleriestangen, grob gehackt
70 g Karotten, grob gehackt
225 g Champignonköpfe, grob gehackt
1 Dose (400 g) Tomaten, gehackt
85 g Tomatenmark
125 ml Hühnerbrühe
1 EL Rotweinessig
1/2 TL Oregano, getrocknet
1/2 TL Thymian, getrocknet
1 TL Salz sowie etwas mehr zum Abschmecken
1/2 TL Pfeffer, gemahlen, sowie etwas mehr zum Abschmecken

Rindfleisch mit Zwiebelpulver würzen. In einer Pfanne bei hoher Temperatur von jeder Seite anbraten, insgesamt rund 3–4 Minuten. Rindfleisch in einen Schongarer geben und alle übrigen Zutaten hinzufügen. Auf niedriger Stufe 8–10 Stunden oder 4–5 Stunden auf hoher Stufe garen, bis der Eintopf fertig ist. Nach Geschmack mit zusätzlichem Salz und Pfeffer würzen.

Cremige Spargel-Pilz-Suppe mit Zwiebeln

(ergibt 2–3 Portionen)

Ein Mixer oder Vitamix ist der Schlüssel zur wahren Cremigkeit dieser Suppe. Wenn am Ende die Konditorsahne hinzugegeben wird, wird die Suppe richtig vollmundig und sättigend. Sie werden gar nicht merken, dass Sie jede Menge Gemüse verputzen.

450 g Spargel
1 Zwiebel, gehackt
450 g braune oder weiße Champignons
375 ml Hühner- oder Gemüsebrühe
1 TL Salz
1/2 TL Pfeffer, frisch gemahlen
125 ml Konditorsahne

Spargelenden abschneiden und entsorgen (meist die unteren 5–7,5 cm der Spargelstange). Rest des Spargels in 5 cm große Stücke schneiden.

In einem Dämpfeinsatz Spargel, Zwiebel und Pilze 5–7 Minuten weich garen. Währenddessen die Hühnerbrühe erhitzen, bis sie kocht. Vom Herd nehmen.

Gemüse, Hühnerbrühe, Salz und Pfeffer 3–4 Minuten in einem Mixer oder Vitamix glatt pürieren. Konditorsahne hinzugeben und alles zu einer glatten Konsistenz verarbeiten. Sofort servieren.

Kapitel vier: Beilagen

Brokkoli mit Speck ... 143

Brokkoli mit cremiger Zitronensosse ... 144

Geröstetes Frühlingsgemüse ... 145

Nonnis Brokkolini ... 146

Zitronen-Oregano-Zucchinipasta mit Blumenkohl ... 147

Würzige Zucchinipasta mit Pesto ... 149

Zucchini-Käseauflauf mit Béchamelsosse ... 150

Gebratene Dijon-Zucchini ... 152

Zitroniger Spinat ... 153

Überbackener Rahmspinat ... 155

Gerösteter Spargel mit Manchego und Pinienkernen ... 156

Rosenkohlsalat ... 157

Rosenkohl-Lauch-Auflauf ... 158

Zwiebelringe in Mandelmehlkruste ... 159

Frittierte Okra ... 160

Grüne Bohnen mit karamellisierten Schalotten ... 161

Wildpilzauflauf mit grünen Bohnen ... 162

Pfeffriger Ingwer-Pak Choi ... 164

Rot- und Grünkohlsalat ... 165

Ingwer-Koriander-Blumenkohl-„Reis“” ... 167

„Risotto“ aus geröstetem Butternusskürbis ... 168

Blumenkohlkroketten ... 170

Mimis Curry-„Reis“-Salat ... 173

Kokosnuss-Ingwer-Mangold ... 174

Käsesoufflé ... 175

Einfaches, getreidefreies Brot ... 176

Low-Carb-Brotfüllung ... 176

Spinatsalat mit Avocado und Lachs ... 179

Wassermelonensalat mit gegrilltem Halloumi ... 180

Rosmarin-Süßkartoffel-Haschee ... 181

Gestapeltes Grillgemüse ... 183

Brokkoli mit Speck

(ergibt 3–4 Portionen)

1 Brokkolikopf, in kleine Röschen geschnitten (oder kaufen Sie einen Beutel mit geschnittenen Brokkoliröschen)
2 EL rohe Pinienkerne
3–4 Scheiben Speck, in 1,5 cm große Stücke geschnitten
1 TL Knoblauchsalz
1 TL Zitronensaft
2 EL Olivenöl
Pfeffer und frischer Parmesan zum Würzen (optional)

Ofen auf 200 °C vorheizen. Ein großes Backblech mit Alufolie auslegen, um es später leichter reinigen zu können.

In einer Schüssel Brokkoliröschen, Pinienkerne und Speckstücke vermengen, dann gleichmäßig mit Knoblauchsalz und Zitronensaft besprenkeln. Olivenöl über die Brokkolimischung geben. Mit den Händen vermengen, damit alle Brokkoliröschen mit Olivenöl bedeckt sind.

Brokkolimischung auf das Backblech geben und gleichmäßig verteilen, weil die Speckstückchen dazu neigen, aneinanderzukleben.

40 Minuten im Ofen backen, dabei den Brokkoli alle 10 Minuten wenden, bis er geröstet aussieht und der Speck knusprig ist. Wenn die Mischung nicht gewendet wird, brennen die Brokkoliröschen an.

Optional mit Pfeffer und einer Prise frisch geriebenem Parmesan würzen.

Brokkoli mit cremiger Zitronensosse

(ergibt 3–4 Portionen)

1 Brokkoli (350 g), in kleine Stücke geschnitten
1/2 TL Knoblauchsalz
4 EL Mandelblättchen
2 EL Butter
1 große oder 2 kleine Schalotten, fein gehackt
1 EL Zitronensaft
1 TL Zitronenschale, fein gehackt
2 EL Konditorsahne

Brokkoli in einen Dämpfeinsatz legen, mit Knoblauchsalz bestreuen und rund 10 Minuten weich dünsten.

Mandeln 3–5 Minuten in einer Pfanne rösten, dabei ständig umrühren, damit sie nicht anbrennen. Vom Herd nehmen und beiseitestellen.

Pfanne mit einem Küchentuch sauberreiben, dann die Butter erhitzen, bis sie Bläschen wirft. Gehackte Schalotten hinzufügen und bei mittlerer Temperatur rund 3 Minuten braten, bis sie weich sind. Darauf achten, dass die Schalotten nicht anbrennen. Zitronensaft und Zitronenschale hinzugeben. Ein paar Minuten weiter braten. Pfanne vom Herd nehmen. Geröstete Mandeln und Konditorsahne hinzugeben und gut verrühren. Über den Brokkoli gießen und servieren.

Geröstetes Frühlingsgemüse

(ergibt 3–4 Portionen)

1 EL Olivenöl
1 Lauchstange, gehackt
8 Mini-Paprikas, in Scheiben geschnitten
1 Brokkolikopf, in kleine Stücke geschnitten
Saft von 1 Zitrone
Salz und Pfeffer zum Würzen
Frisch geriebener Parmesan zum Servieren (optional)

In einer großen Pfanne das Olivenöl auf mittlere Temperatur erhitzen. Lauch und Paprika hinzugeben und 4–5 Minuten weich sautieren. Darauf achten, dass der empfindliche Lauch nicht anbrennt. Brokkolistücke hinzugeben und mit der Paprika und dem Lauch vermengen. Zitrone über dem Gemüse auspressen, abdecken und Hitze auf niedrige Temperatur reduzieren. Gemüse 5–7 Minuten sautieren, bzw. bis der Brokkoli grün und weich ist. Mit Salz und Pfeffer würzen und mit frisch geriebenem Parmesan bestreuen.

Nonnis Brokkolini

(ergibt 2–4 Portionen)

450 g Brokkolini
8 Knoblauchzehen
80 ml Olivenöl
Salz

Brokkolini waschen und feucht lassen. Mit einem Gemüseschäler die raue Schale im unteren Bereich der Brokkolinistange entfernen. Knoblauchzehen in Stücke schneiden – nicht zu klein, weil sie sonst anbrennen. In einer breiten, flachen Pfanne das Olivenöl bei mittlerer Temperatur 3–5 Minuten erhitzen. Das Öl ist heiß genug, wenn Sie einen Tropfen Wasser hineinfallen lassen und dieser zischt. Brokkolini, Knoblauch und eine Prise Salz in eine Pfanne geben. Abdecken, 10 Minuten köcheln und währenddessen einmal umrühren. Temperatur auf mittlere Hitze stellen. 10 Minuten weiterköcheln lassen, währenddessen einmal umrühren.

Zitronen-Oregano-Zucchinipasta mit Blumenkohl

(ergibt 3–4 Portionen)

Dieses Gericht ist so wunderbar leicht, dass es eine perfekte Beilage ist. Natürlich können Sie die Zucchinipasta auch in eine große Schüssel geben, mit Parmesan bestreuen und alles pur verputzen.

---

2 EL Olivenöl
1 TL Zitronenschale, fein gehackt
1 TL frische Thymianblätter
2 EL frische Oreganoblätter, grob gehackt
3 EL Kapern
350 g Blumenkohlröschen
2 EL Pinienkerne
Saft von 1/2 Zitrone
450 g Zucchini, mit dem Spiralschneider geschnitten
Salz und Pfeffer zum Würzen
frischer Parmesan zum Garnieren (optional)

Olivenöl in einer großen Pfanne bei mittlerer Temperatur erhitzen. Zitronenschale, Thymian, Oregano und Kapern für 3–4 Minuten darin schwenken. Blumenkohlröschen, Pinienkerne und Zitronensaft hinzugeben. Blumenkohlröschen schwenken, bis sie gut bedeckt sind. Mit Salz und Pfeffer würzen, dann 3–4 Minuten köcheln lassen. Blumenkohl ab und an umrühren, damit er nicht anbrennt.

Zucchini-Spiralen hinzugeben, schwenken, sodass sie gut bedeckt sind, und wieder mit Salz und Pfeffer würzen. Abdecken, 8–10 Minuten köcheln, bis die Zucchini weich ist. Zutaten in der Pfanne wiederum schwenken, mit frischem Parmesan garnieren (optional) und servieren.

Würzige Zucchinipasta mit Pesto

(ergibt 4 Portionen)

2 EL Olivenöl
2 Paprikaschoten, gehackt
2 Lauchstangen, fein gehackt
350 g Cherrytomaten, halbiert
8 Scheiben feste Salami, in Streifen geschnitten
1/2 TL Chiliflocken
Salz und Pfeffer
3–4 Zucchini, in Spiralen geschnitten
Parmesan zum Garnieren
Selbst gemachtes Pesto zum Garnieren (siehe Seite 193)

Olivenöl bei mittlerer Temperatur in einer großen Pfanne erhitzen. Paprikaschoten hinzugeben und weich sautieren. Lauch, Cherrytomaten und Salami hinzugeben und weich sautieren. Der Lauch ist dann fast schon karamellisiert. Chiliflocken darüberstreuen und mit Salz und Pfeffer würzen.

Vorsichtig die Zucchini unterheben und schwenken, sodass sie mit der sautierten Mischung bedeckt werden. Wieder mit Salz und Pfeffer würzen. Abdecken und weitere 10–15 Minuten köcheln lassen, bis die Zucchini durchgegart ist. Wieder mit Salz und Pfeffer würzen, falls nötig. Zucchinipasta vor dem Servieren noch einmal schwenken und mit frischem Parmesan und einem Klecks selbst gemachtem Pesto garnieren.

Zucchini-Käseauflauf mit Béchamelsosse

(ergibt 6–8 Portionen)

5 Scheiben Pancetta, gewürfelt
115 g Butter
230 g Mandelmehl
3–4 Zucchini, gewaschen und obere Enden abgeschnitten (etwa 450 g)
750 ml Vollmilch
3 EL Pfeilwurzelmehl
Salz und Pfeffer zum Würzen
180 g Mozzarella, gerieben
265 g Cheddar, gerieben
180 g Gruyère, gerieben
180 g Fontina, gerieben

Pfanne bei mittlerer Temperatur erhitzen. Pancetta hinzugeben und knusprig und hellbraun braten (rund 8–10 Minuten). Aufpassen, dass er nicht anbrennt. Pancetta mit einem Schaumlöffel herausnehmen und auf Küchenpapier legen.

Rund 40 g der Butter im übrigen Bratenfett des Pancetta schmelzen. Dann das Mandelmehl hinzugeben und schwenken, bis alles gut vermischt ist. 7–8 Minuten braten, dabei häufig mit einem Pfannenwender umrühren, damit nichts anbrennt. Das Mandelmehl sollte leicht bräunlich werden. Auf einen Teller geben.

Zucchini mit einem Spiralschneider schneiden. Den Haufen mit den Zucchinispiralen 6- oder 7-mal zerhacken, um die längeren Zucchinispiralen zu teilen.

Milch in einem kleinen Topf erhitzen, bis sie dampft (Milch darf nicht anbrennen).

Ofen auf 175° vorheizen. Eine 23 x 33 cm große Backform mit Butter einfetten. In einem anderen großen Topf den Rest der Butter bei mittlerer Temperatur schmelzen lassen. Pfeilwurzelmehl zur Butter geben und zu einer glatten Konsistenz verquirlen. 1/2 TL Salz hinzugeben. Langsam die Milch hineingießen und dabei weiter verquirlen, damit sich alles gut verbindet. Temperatur reduzieren und köcheln lassen, alle zwei Minuten verquirlen, damit sich keine Klümpchen bilden. Rund 10 Minuten köcheln lassen, bis die Milch eingedickt ist. Mit einem weiteren TL Salz und einer Prise Pfeffer würzen.

Herd ausschalten. Geriebene Käsesorten nacheinander unterziehen und mit einem Pfannenwender vermengen. Die Käsesoße bekommt eine gummiartige Konsistenz, aber vermengen Sie den Käse weiter, bis er geschmolzen ist. Dann die Zucchinispiralen unterziehen und mit der Käsesoße bedecken. In eine Backform gießen. Pancettastücke darüberstreuen, dann die Mandelmehlmischung gleichmäßig darüber verteilen.

Mit Alufolie abdecken und 30 Minuten backen. Alufolie entfernen und noch einmal 15 Minuten backen.

Gebratene Dijon-Zucchini

(ergibt 4 Portionen)

2 EL Olivenöl
1 kleine Zwiebel, gehackt
1 rote Paprika, gehackt
3–4 Zucchini, geschält und in gleichmäßige Scheiben geschnitten
2 EL Dijonsenf
1 EL Butter
Salz und Pfeffer zum Würzen
175 g Cherry- oder Romana-Tomaten, halbiert
2 EL Basilikum, frisch, gehackt
Parmesan, frisch gerieben (optional)

Olivenöl in einer großen, hochwandigen Pfanne auf mittlere Temperatur erhitzen. Zwiebeln und Paprika sehr weich sautieren, rund 8 Minuten.

Zucchini, Dijonsenf, Butter, Salz und Pfeffer hinzugeben und umrühren, bis alles gleichmäßig bedeckt ist. Abdecken. Hitze auf niedrige Temperatur reduzieren und 5–8 Minuten köcheln lassen, bis die Zucchini weich werden.

Tomaten und Basilikum unterrühren, Pfanne wieder abdecken und weitere 10 Minuten köcheln lassen. Deckel abnehmen, Herd ausstellen und frisch geriebenen Parmesan nach Geschmack hinzugeben.

Zitroniger Spinat

(ergibt 2 Portionen)

3 EL Butter
1 Knoblauchzehe, gehackt
Saft von 1/2 (Meyer-)Zitrone
4 EL Konditorsahne
170–280 g Babyspinat
Salz und Pfeffer nach Geschmack

In einer großen, hochwandigen Pfanne die Butter bei mittlerer Temperatur erhitzen, bis sie Bläschen wirft, aber noch nicht braun ist. Knoblauch hinzugeben und umrühren, damit er nicht anbrennt. Zitronensaft hineingießen. Unter Rühren 2 Minuten weiterbraten. Auf mittlere Temperatur reduzieren. Konditorsahne hineingießen und verquirlen, bis alles gut vermengt ist.

Gesamten Beutel Babyspinat in die Pfanne geben. Spinat in der Zitronen-Sahne-Mischung schwenken, bis er langsam zusammenfällt. Mit Salz und Pfeffer würzen und sofort servieren.

Überbackener Rahmspinat

(ergibt 4–6 Portionen)

3 EL Butter sowie etwas mehr zum Einfetten
einer 23 x 33 cm großen Backform
1 Zwiebel, gehackt
2 Knoblauchzehen, gehackt
500 ml Konditorsahne
125 ml Schlagsahne
125 ml Vollmilch
1/4 TL Muskat
1 EL Dijonsenf
1 TL Salz sowie etwas mehr zum Abschmecken
1/2 TL Pfeffer
170 g frischer Spinat, gehackt
900 g gefrorener Spinat, aufgetaut und gründlich getrocknet
(das ist sehr wichtig)
120 g Gruyère, gerieben

Belag:
30 g Gruyère, gerieben
50 g Mandelmehl
1/2 TL Salz

Ofen auf 200 °C vorheizen. Butter bei mittlerer Temperatur in einer breiten, hochwandigen Pfanne erhitzen und Zwiebeln darin rund 7–9 Minuten weich dünsten. Knoblauch hinzugeben und weitere 2 Minuten dünsten. Konditorsahne, Sahne, Milch, Muskatnuss, Dijonsenf, Salz und Pfeffer einrühren. Zum Kochen bringen, dann Temperatur reduzieren und 10 Minuten köcheln. Währenddessen alle paar Minuten umrühren, damit nichts anklebt. Gehackten, frischen Spinat unterziehen. 2–3 Minuten köcheln, bis er zusammenfällt. Eine Prise Salz und Pfeffer hinzugeben. Gefrorenen Spinat unterziehen und 2–3 Minuten garen. Pfanne vom Herd nehmen. 120 g geriebenen Gruyère einrühren, bis er geschmolzen ist. Mischung in eine gut gefettete 23 x 33 cm große Backform geben.

Zutaten für den Belag in einer kleinen Schüssel vermengen. Belag gleichmäßig auf dem Spinat verteilen. 20–30 Minuten backen, bis der Rahmspinat oben leicht braun ist und blubbert.

Gerösteter Spargel mit Manchego und Pinienkernen

(ergibt 4 Portionen)

Kurzer Tipp: Bereiten Sie den Spargel so zu, dass Sie ihn waschen und trocknen und dann die einzelnen Stangen biegen, bis Sie deren natürliche „Bruchstelle" am unteren Ende spüren. Dann die harten Enden abbrechen, sodass Sie auch wirklich nur den weichen Teil des Spargels servieren.

Der Spargel ist so schnell geröstet, dass Sie ein Auge auf die empfindlichen Dinger haben müssen, damit sie nicht verbrennen.

450 g grüner Spargel, Enden abgebrochen
1 Spritzer Olivenöl
3 Zitronenscheiben sowie Saft der restlichen Zitrone
Salz und Pfeffer
1 EL Pinienkerne, roh
Manchego-Käse, frisch, zum Garnieren

Ofen auf 200 °C vorheizen. Ein kleines Backblech mit Alufolie auslegen. Spargelstangen nebeneinander auf das Backblech legen, mit Olivenöl und einem Spritzer Zitronensaft beträufeln und mit Salz und Pfeffer würzen. Zitronenscheiben auf den Spargel legen und mit Pinienkernen bestreuen. 15–20 Minuten im Ofen rösten bzw. bis der gewünschte Garzustand erreicht ist. Mit frisch geriebenem Manchego-Käse garnieren und servieren.

Rosenkohlsalat

(ergibt 3–4 Portionen)

2 EL Zitronensaft
1 EL Dijonsenf
1 EL Schalctten, fein gehackt
4 EL Olivenöl
1/2 TL Salz
1/4 TL Pfeffer
450 g Rosenkohl, gerieben oder fein gehackt
1 Apfel, geschält, entkernt und gewürfelt (mit etwas Zitronensaft beträufeln, damit er nicht braun wird)
35 g geräucherter Gouda, gerieben
55 g Pekannüsse, geröstet

Zitronensaft, Dijonsenf, Schalotten, Olivenöl, Salz und Pfeffer in einer kleinen Schüssel verquirlen. Rosenkohl, Apfel, Gouda und Pekannüsse in einer großen Schüssel vermengen. Dressing unter den Salat ziehen und servieren.

Rosenkohl-Lauch-Auflauf

(ergibt 4–6 Portionen)

1 Beutel Rosenkohl (ungefähr 25 Stück), geviertelt
1 grüner Apfel, geschält, entkernt und in Stücke geschnitten
2 Stangen Lauch, nur die weißen und hellgrünen Teile,
gut abgewaschen, in 0,5 cm große Stücke gehackt
250 ml Konditorsahne
Salz und Pfeffer nach Geschmack

Ofen auf 200 °C vorheizen. Rosenkohl, Apfelstücke und Lauch in einer großen Schüssel vermengen.

Mischung in eine 23 x 33 cm große Auflaufform geben. Konditorsahne über die Mischung gießen. Vermengen, damit alles gut mit der Sahne bedeckt ist. Mit Salz und Pfeffer abschmecken.

40 Minuten im Backofen backen. Währenddessen einmal umrühren, damit die Rosenkohlenden nicht anbrennen. Vor dem Servieren noch einmal mit Salz und Pfeffer abschmecken.

Zwiebelringe in Mandelmehlkruste

(ergibt 3–4 Portionen)

2 süße Zwiebeln, in circa 1,5 cm breite Ringe geschnitten und getrennt
2 Eier, in einer Schüssel geschlagen
55–115 g Mandelmehl
Salz und Pfeffer
Olivenöl

Zwiebeln in den geschlagenen Eiern wenden, dann mit dem Mandelmehl bedecken. Das Mandelmehl wird möglicherweise ziemlich klumpig, was aber nichts macht.

Öl circa 0,5 cm hoch in einer antihaftbeschichteten Pfanne auf hoher Stufe erhitzen. Ob die Pfanne heiß genug ist, merken Sie, wenn ein hineingeworfener Krümel im Öl zischt. Zwiebelringe in mehreren Portionen frittieren und auf Küchenpapier abtropfen lassen. Mit Salz und Pfeffer würzen.

Frittierte Okra

(ergibt 3–4 Portionen)

450 g Okra, in circa 0,5 cm dicke Scheiben geschnitten
115 g Mandelmehl
1 TL Meersalz
1/2 TL Pfeffer, frisch gemahlen
375 ml Olivenöl zum Frittieren (Sie können auch aufbewahrtes Speckfett nehmen)
1/2 TL Knoblauchsalz
1/4 TL Paprikapulver, geräuchert
1 Prise Cayennepfeffer

Okrascheiben 3 Minuten lang in einer Schüssel mit kaltem Wasser einweichen. Abtropfen. Dadurch wird die Okra etwas klebrig, sodass das Mandelmehl besser daran haftet. Mandelmehl, Salz und Pfeffer in einen großen Gefrierbeutel füllen und schütteln. Okra hineingeben. Okra im Beutel schütteln, bis sie gut bedeckt ist.

In einer großen, hochwandigen Pfanne Öl bei mittlerer Temperatur erhitzen, bis es ungefähr 160 °C heiß ist. Jede Menge Küchenpapier bereithalten, um die frittierten Okrascheiben abzutropfen.

Die panierten Okrascheiben aus dem Mandelmehl nehmen und überschüssiges Mehl abschütteln. In die Pfanne mit dem heißen Öl geben. 6–8 Minuten frittieren, bis sie knusprig und gleichmäßig braun sind. Zum Abtropfen auf das Küchenpapier legen. Nach Geschmack mit Salz und Pfeffer nachwürzen.

Knoblauchsalz, geräuchertes Paprikapulver, frischen Pfeffer und Prise Cayenne vermischen. Okra nach Geschmack mit dieser Gewürzmischung würzen.

Grüne Bohnen mit karamellisierten Schalotten

(ergibt 3–4 Portionen)

2 EL Olivenöl
6 Mini-Paprikas, geschnitten (oder 1 normal große Paprika)
1 Schalotte, geschnitten
450 g grüne Bohnen, gewaschen und Enden abgeschnitten
1 TL Salz
1/2 TL Knoblauchsalz

Olivenöl bei mittlerer Temperatur in einer großen, hochwandigen Pfanne erhitzen. Paprika darin rund 3–4 Minuten weich braten. Schalotten hinzugeben und 4–5 Minuten braten, bis sie zu karamellisieren anfangen. Grüne Bohnen hinzugeben. Mit Schalotten und Olivenöl schwenken. Salz und Knoblauchsalz darüberstreuen. Abdecken, Temperatur auf mittlere Hitze reduzieren und 10–12 Minuten braten/dünsten; währenddessen zweimal umrühren.

Wildpilzauflauf mit grünen Bohnen

(ergibt 8–10 Portionen)

Auflauf
30 g getrocknete Wildpilze, eingeweicht und anschließend gehackt
1 EL Olivenöl
1/2 Zwiebel, fein gehackt
225 g weiße oder braune Champignons, gehackt
1/2 TL Zwiebelpulver
1/2 TL Knoblauchpulver
1 EL Wodka (optional)
1/2 TL schwarzer Pfeffer
250 ml Hühnerbrühe
125 ml Konditorsahne
450 g grüne Bohnen, Enden abgeschnitten und
in 5 cm große Stücke geschnitten

Frittierte Schalottenringe
125 ml Olivenöl
3–4 große Schalotten, in 0,5 cm große Scheiben geschnitten
Salz nach Geschmack

Ofen auf 175 °C vorheizen.

Getrocknete Wildpilze in 500 ml kochendes Wasser geben, 3–4 Minuten kochen, abdecken, vom Herd nehmen und 30 Minuten stehen lassen. Wildpilze aus dem Wasser nehmen. Wasser als Pilzbrühe aufbewahren.

Olivenöl in einer großen, hochwandigen Pfanne bei mittlerer Temperatur erhitzen; Zwiebeln rund 3–5 Minuten weich braten. Gehackte Champignons, Zwiebelpulver und Knoblauchpulver hinzugeben und 5–8 Minuten weiterbraten, bis die Champignons braun sind. Wildpilze in die Pfanne geben, 5–8 Minuten braten. Wodka hineingießen, 2–3 Minuten braten, bis der Alkohol verkocht ist. Pfeffer hinzugeben.

2 Kellen Pilzbrühe hinzugeben (darauf achten, nicht den Sand zu verwenden, der sich am Boden der Pilzbrühe abgesetzt hat) und einrühren.

3 Kellen Hühnerbrühe hinzugeben. 3 Minuten kochen lassen. 125 ml Konditorsahne hinzugeben und 3 Minuten weiterköcheln. Vom Herd nehmen. Grüne Bohnen unterrühren und erneut mit Salz und Pfeffer abschmecken.

Inhalt in eine 23 x 33 cm große Auflaufform geben. Ohne Deckel 30 Minuten backen. Zutaten umrühren. Mit Folie abdecken und weitere 25 Minuten backen. Aus dem Ofen nehmen; frittierte Schalottenringe (siehe unten) über den Auflauf geben. Wieder abdecken und 5 Minuten weiterbacken.

Frittierte Schalotten

Olivenöl 1 cm hoch in einer Pfanne bei hoher Temperatur erhitzen. Schalottenringe 3–4 Minuten frittieren; darauf achten, dass sie nicht anbrennen. Schalotten aus dem Öl nehmen und auf Küchenpapier abtropfen lassen. Mit Salz abschmecken.

Pfeffriger Ingwer-Pak Choi

(ergibt 2 Portionen)

2–3 Baby Pak Chois, gewaschen
2 EL Olivenöl
1 Zwiebel, dünn geschnitten (oder Zwiebeln in Limettensaft, siehe Seite 199)
70 g Minipaprika, gehackt
1 TL Ingwer, frisch gerieben
Salz und Pfeffer

Vom Pak Choi das flache, untere Ende des Stiels abschneiden und entsorgen, dann die weißen und grünen Bestandteile in circa 1/2 cm dünne Scheiben schneiden. So den ganzen Kopf Pak Choi verarbeiten.

Bei mittlerer Temperatur Olivenöl in einer antihaftbeschichteten Pfanne erhitzen, Zwiebeln und Paprika hinzugeben und rund 5 Minuten weich sautieren. Geschnittenen Pak Choi und geriebenen Ingwer hinzugeben und umrühren, bis alle Zutaten gut vermischt sind. Mit Salz und Pfeffer würzen. Temperatur verringern und 7–10 Minuten sautieren, bis der Pak Choi weich ist. Währenddessen umrühren, damit der Ingwer nicht an der Pfanne haftet. Wieder mit Salz und Pfeffer abschmecken, dann servieren.

Rot- und Grünkohlsalat

(ergibt 8–10 Portionen)

Dieser Salat ist eine frische, farbenfrohe und köstliche Alternative zum typischen übersüßten, vor Feuchtigkeit triefenden Krautsalat, den es zu kaufen gibt.

70 g Grünkohl, harte Stiele entfernt und entsorgt
1 Rotkohl, Strunk entfernt, geviertelt, dann auf einer Vierkantreibe auf der gröbsten Lochgröße geraspelt (ergibt ungefähr 200–300 g)
1 kleine Schalotte, gehackt (ungefähr 1 EL)
1 EL Apfelessig
1 EL Champagneressig oder Weißweinessig
4 EL Mayonnaise
4 EL Olivenöl sowie etwas mehr zum Beträufeln
Salz und Pfeffer zum Würzen
70 g getrocknete, zuckerfreie Cranberries, Korinthen, Kirschen oder Rosinen (optional)

Grünkohlblätter auf eine ebene Fläche legen, sparsam mit Olivenöl beträufeln und dann die Blätter eine Minute lang damit „massieren“. Grünkohlblätter fein hacken. In einer großen Schüssel den vorbereiteten Grünkohl und den Rotkohl vermengen. In einer kleineren Schüssel ein Dressing aus Schalotte, Apfelessig, Champagneressig, Mayonnaise und Olivenöl zusammenmischen. Nach Geschmack mit Salz und Pfeffer würzen. Dressing über den Grün- und Rotkohl gießen und alles schwenken. Wenn gewünscht, Trockenobst hinzugeben und alles wiederum schwenken. Sofort servieren oder bis zum Servieren im Kühlschrank aufbewahren.

Ingwer-Koriander-Blumenkohl-„Reis“

(ergibt 2–3 Portionen)

Manche Supermärkte führen mittlerweile bereits geriebenen Blumenkohl-„Reis“ im Beutel. Am besten kaufen Sie sich jeweils 4–5 Beutel. Den Blumenkohl nicht selbst auf die perfekte Reisgröße schreddern zu müssen, ist eine geniale Sache und spart Zeit. Falls Sie diese kleinen Beutel voll Gold jedoch nicht bekommen können, können Sie den Blumenkohl genauso gut mit der Hand reiben oder in einer Küchenmaschine oder im Vitamix verarbeiten, bis er eine „Reis“-Konsistenz hat.

1 EL Olivenöl
350 g Blumenkohl-Reis, aufgetaut
(oder ein Kopf Blumenkohl, zu „Reis“ gerieben)
2 EL Koriander, fein gehackt
1 TL Ingwer, gerieben
Salz und Pfeffer

Olivenöl bei mittlerer Temperatur in einer hochwandigen Pfanne erhitzen. Blumenkohl-Reis hineingeben und unter Rühren rund 3 Minuten durchgaren. Koriander und Ingwer unterrühren und mit Salz und Pfeffer würzen. 10 Minuten köcheln, ab und an umrühren, damit der Blumenkohl-Reis nicht anbrennt. Temperatur reduzieren und vor dem Servieren 5–8 Minuten stehen lassen, wodurch der Reis leicht knusprig wird.

„Risotto“ aus geröstetem Butternusskürbis

(ergibt 2–4 Portionen)

Für traditionelles Risotto verwendet man Arborio-Reis und gibt langsam Hühnerbrühe hinzu, die vom Reis aufgenommen wird, sodass er cremig und samtweich wird. Doch da wir hier als Ersatz Blumenkohl verwenden und dieser keine Stärke enthält, um die Hühnerbrühe zu absorbieren, wird weniger Brühe benötigt und die Kochzeit ist ebenfalls kürzer. Verwenden Sie eine Mixer oder eine Küchenmaschine, um aus einem Blumenkohlkopf „Reis“ zu machen, oder kaufen Sie bereits geriebenen Blumenkohl in der Tiefkühlabteilung (nicht überall erhältlich). Falls Sie keine Milchprodukte konsumieren, können Sie veganen Käse verwenden oder den Käse ganz weglassen.

1 Butternusskürbis, geschält und in 1,5 cm große Stücke geschnitten
(oder 350 g gefrorener, geschnittener Butternusskürbis)
2 EL Olivenöl
Salz und Pfeffer
1 Blumenkohlkopf, Röschen abgetrennt
(oder 700 g vorgeschnittener Blumenkohl aus dem Beutel)
1 süße Zwiebel, fein gehackt
1/2 TL Zwiebelpulver
1/2 TL Knoblauchpulver
2 EL weißer Balsamicoessig
250 ml Hühnerbrühe
1 TL Meersalz
1/2 TL Pfeffer
1 EL Frischkäse
80 g Parmesan, gerieben

Ofen auf 200 °C vorheizen. Ein großes Backblech mit Alufolie auslegen. Kürbiswürfel in eine Schüssel geben und mit 1 EL Olivenöl beträufeln, schwenken und mit Salz und Pfeffer abschmecken. Gleichmäßig auf dem Backblech verteilen. 15 Minuten im Ofen rösten, dann die Kürbisstücke vorsichtig wenden (sie kleben schnell an und verbrennen). Weitere 15 Minuten rösten, bis sie weich und leicht braun sind. Aus dem Ofen nehmen und abkühlen lassen. Kürbiswürfel leicht zerdrücken, damit sie später besser vermischt werden können.

Stiele von den Blumenkohlröschen abtrennen. Die Röschen in eine Küchenmaschine oder einen Mixer geben und verarbeiten, bis der Blumenkohl die Größe von großen „Reiskörnern" hat. Nicht zu lange verarbeiten, weil Sie sonst Brei haben!

In einer großen, hochwandigen Pfanne 1 EL Olivenöl bei mittlerer Temperatur erhitzen. Gehackte Zwiebel 10–12 Minuten sautieren, bis sie sehr weich und durchscheinend ist. Blumenkohlreis hinzugeben, sodass er mit Olivenöl bedeckt ist, und ungefähr 2 Minuten rösten. Zwiebelpulver und Knoblauchpulver unterrühren. Weißen Balsamicoessig hinzugeben und Reis 2–3 Minuten bruzzeln lassen. Langsam die Hühnerbrühe in das Risotto gießen und gut umrühren. 1 TL Meersalz und 1/2 TL Pfeffer hinzugeben. Umrühren. Temperatur reduzieren und 15 Minuten köcheln, währenddessen ab und an umrühren. Vom Herd nehmen, Frischkäse und Parmesan einrühren und gründlich umrühren. Zerdrückte Kürbiswürfel hinzugeben und gründlich vermischen. Sofort servieren und mit Parmesan bestreuen.

Ein tolles Herbstgericht, das das ganze Jahr über schmeckt.

Blumenkohlkroketten

(ergibt 24–30 Kroketten)

Da Blumenkohl der perfekte Ersatz für Reis und Kartoffeln ist, machen wir daraus auch mein allerliebstes Wohlfühlessen aus der Kindheit: Kroketten. Blumenkohlkroketten sind eine köstliche, kohlenhydratarme Leckerei, die fast nur aus Gemüse besteht, aber außen wunderbar knusprig und im Inneren herrlich weich ist.

Sie können die Kroketten auch milchfrei machen, indem Sie veganen Käse verwenden. Auch das Ei können Sie weglassen, denn die Kroketten halten auch ohne sehr gut zusammen. Den Blumenkohl können Sie ganz leicht zu „Reis" verarbeiten, indem Sie ihn auf einer Vierkantreibe reiben oder in einer Küchenmaschine zur Konsistenz von Reis verarbeiten. Wenn möglich, können Sie auch geriebenen Blumenkohl im Beutel kaufen.

650 g Blumenkohlreis (entspricht ungefähr 2 Blumenkohlköpfen)
2 EL Olivenöl für das Backblech
4 EL Zwiebel, gehackt
2 EL rote Paprikaschote, gehackt
2 TL Jalapeño, frisch und gehackt
2 TL Koriander, fein gehackt
4 EL Mandelmehl
60 g Cheddar, gerieben
1 TL Salz
1/2 TL Pfeffer, frisch gemahlen
1 Ei

Blumenkohlreis 10 Minuten in einem Dämpfeinsatz auf dem Herd dämpfen oder im Beutel 4 Minuten in der Mikrowelle erhitzen. Auf ein sauberes, trockenes Tuch gießen und überschüssiges Wasser herauspressen. Zur Sicherheit noch einmal pressen und den Blumenkohl abkühlen lassen.

Ofen auf 200 °C vorheizen. Ein Backblech mit antihaftbeschichteter Alufolie auslegen und diese mit Olivenöl besprenkeln. In einer großen Schüssel abgekühlten Blumenkohl, Zwiebel, rote Paprikaschote, Jalapeño, Koriander, Mandelmehl, Käse, Salz und Pfeffer gründlich vermengen. Ei hinzugeben und wieder gründlich vermengen.

Zu krokettenförmigen Bällen formen. Im Abstand von circa 1 cm auf das Backblech legen. 20 Minuten im Backofen backen. Aus dem Ofen nehmen, Kroketten vorsichtig wenden und weitere 20 Minuten knusprig und goldbraun backen. Sofort servieren.

Mimis Curry-„Reis"-Salat

(ergibt 3–4 Portionen)

Im Sommer braucht man kalte Salate. Unbedingt. Meine Schwiegermutter hat den perfekten Sommer-Reissalat erfunden. Statt Reis nehmen wir Blumenkohlreis. Nicht, weil wir eine Kohlenhydratphobie haben, sondern weil wir Blumenkohl einfach mögen. Außerdem ist meine Schwiegermutter eine hervorragende Köchin. Sie würde uns niemals Blödsinn erzählen.

---

1 Blumenkohlkopf, Stiel entfernt und entsorgt
1 Dose (400 g) Artischockenherzen
1 rote, gelbe oder orange Paprika, gehackt
8 Oliven mit Paprikafüllung, gehackt
1/2 TL Currypulver
2 EL Mayonnaise
3 EL Olivenöl
1/2 TL Salz
1/4 TL Pfeffer, frisch gemahlen

In einer Küchenmaschine oder einem Mixer die Blumenkohlröschen zu „Reis" zerkleinern. In eine mikrowellengeeignete Schüssel geben. Auf höchster Stufe 3 Minuten in der Mikrowelle erhitzen. Blumenkohlreis abtropfen lassen und dann überschüssige Flüssigkeit auspressen, bis er trocken ist. In eine große Rührschüssel füllen. Im Kühlschrank vollständig abkühlen lassen.

Artischockenherzen abtropfen lassen. 0,5–1 cm des oberen, harten Endes der Artischockenherzen abschneiden, den restlichen weichen Teil der Herzen vierteln. Gehackte Artischockenherzen, Paprika und Oliven unter die Reismischung geben und vermengen. Mit Currypulver bestreuen und vermischen.

In einer separaten Schüssel Mayonnaise, Olivenöl, Salz und Pfeffer verquirlen. Über den Salat gießen und vermengen.

Kokosnuss-Ingwer-Mangold

(ergibt 2 Portionen)

Mit einfachen Blattgemüserezepten bekommt man die Familie ganz leicht dazu, genug Blattgemüse zu essen. Ein Hauch Kokosnuss und Ingwer ist immer gut, weil diese dem Mangold die Bitterstoffe entziehen. Wenn ich Sie wäre, würde ich das Rezept sogar verdoppeln, weil das hier nur für zwei Personen reicht.

---

2 EL Olivenöl
1/2 Zwiebel, gehackt
(oder verwenden Sie Zwiebeln in Limettensaft, siehe Seite 199)
1 EL frischer Ingwer, klein gehackt
285 g Regenbogenmangold, geschnitten, oder 1 Bund Mangold, gehackt
250 ml Kokosnussmilch
1 Prise Chiliflocken
Salz und Pfeffer zum Abschmecken

Olivenöl in einer großen, hochwandigen Pfanne bei mittlerer Temperatur erhitzen und Zwiebeln und Ingwer 5 Minuten darin braten. Mangold, Kokosnussmilch und Chiliflocken hinzugeben. Schwenken, sodass der Mangold bedeckt ist. Mit Salz und Pfeffer würzen. Abdecken und 7–10 Minuten kochen. Vor dem Servieren noch einmal mit Salz und Pfeffer abschmecken.

Käsesoufflé

(ergibt 6–8 Portionen)

4 EL Butter sowie etwas mehr für die Souffléförmchen
2 EL Parmesan, frisch gerieben
2 EL Kokosmehl
250 ml Vollmilch
90 g Gruyère, gerieben
2 EL Schnittlauch, fein gehackt
1/2 TL Salz
1/4 TL Pfeffer
4 Eigelbe
3 Eiweiße
Salz und Pfeffer zum Würzen

Ofen auf 200 °C vorheizen. 6–8 circa 7 cm tiefe Souffléförmchen mit Butter einfetten, innen mit Parmesan bedecken und dann auf einem Backblech ins Gefrierfach stellen.

4 EL Butter bei mittlerer Temperatur in einer Pfanne erhitzen. Darauf achten, dass die Butter nicht anbrennt. Kokosmehl einrühren und eine Minute weiterrühren. Die Mehl-Butter-Mischung wird dann langsam braun. Langsam die Milch hinzugeben und 2–3 Minuten verquirlen.

Flüssige Mischung in eine große Schüssel gießen, Gruyère, Schnittlauch, 1/2 TL Salz und 1/4 TL Pfeffer hinzugeben und verquirlen. Eigelbe hinzugeben und verquirlen. In einer separaten, kleineren Schüssel die Eiweiße zu einem festen Schnee schlagen. Nach und nach unter die eigentliche Mischung ziehen.

Zu gleichen Teilen in Souffléförmchen gießen, dabei etwas mehr als 1 cm Platz vom oberen Rand lassen. Mit dem Finger am Rand des Souffléförmchens entlangfahren, um eine kreisrunde Vertiefung zwischen dem Rand des Souffléförmchens und dem oberen Teil der Käsemischung zu schaffen. Dadurch wird verhindert, dass das Soufflé beim Backen über den Rand läuft.

Auf einem Backblech in den Ofen schieben und 15 Minuten backen. Temperatur auf 190 °C reduzieren und weiterbacken, bis das Soufflé aufgeht und oben leicht bräunlich ist (rund 15 Minuten).

Einfaches, getreidefreies Brot

280 g Mandelmehl
1 TL Meersalz
1/2 TL Natron
3 Eier
1 TL Apfelessig
Butter zum Einfetten der Pfanne

Ofen auf 150 °C vorheizen. Alle Zutaten in einer großen Rührschüssel zu einem dicken Teig vermengen. Eine Kastenform mit Butter fetten. Brotteig gleichmäßig in die Kastenform drücken.

45–50 Minuten auf der untersten Backofenschiene backen. Aus dem Ofen nehmen und Brot abkühlen lassen.

Low-Carb-Brotfüllung

(ergibt 4–6 Portionen)

4 EL Butter
1 große Zwiebel, gehackt
3 Selleriestangen, gehackt
1/2 TL Geflügelgewürz
1/2 TL Thymian, getrocknet
1/2 TL Oregano, getrocknet
1/2 TL Basilikum, getrocknet
1/4 TL Zwiebelpulver
1/4 TL Knoblauchpulver
Einfaches, getreidefreies Brot, in rund 1,5 cm dicke Würfel geschnitten
250–500 ml Hühnerbrühe

Ofen auf 175 °C vorheizen. 2 EL Butter in einer großen, hochwandigen Pfanne bei mittlerer Temperatur schmelzen. Zwiebel und Sellerie in der Butter sehr weich dünsten. In einer kleinen Schüssel die trockenen Gewürze vermischen und dann über die Zwiebel-Selleriemischung geben. Gut vermengen.

Brotwürfel, Zwiebeln und Sellerie in eine große Rührschüssel geben und vermischen. Nach und nach je 125 ml Hühnerbrühe hinzuschütten, bis die gewünschte Konsistenz erreicht ist. Mit einer Gabel auflockern und in eine 20 x 20 cm große Auflaufform geben. Restliche 2 EL Butter schmelzen und über die Füllung träufeln. 20–30 Minuten backen, bis die Füllung oben leicht braun ist.

Spinatsalat mit Avocado und Lachs

(ergibt 2 Salate)

2 Wildlachsfilets
Salz und Pfeffer
Olivenöl
2 große Handvoll Babyspinat
1 Orange, filetiert
1 Avocado, geschält, entkernt und in Scheiben geschnitten

Dressing:
Saft von 1/2 Limette (ungefähr 1 EL)
3 EL Olivenöl

Ofen auf 190 °C vorheizen. Lachsfilets auf ein Backblech legen, mit Salz und Pfeffer würzen und mit Olivenöl beträufeln. 10–12 Minuten backen, bis der Lachs fast durchgegart, aber noch nicht zu stark gebraten ist. Aus dem Ofen nehmen und abkühlen lassen.

Lachs in Stücke brechen und auf eine Servierplatte geben. Spinat, Orangensegmente und Avocadoscheiben darübergeben. Limettensaft und Olivenöl verquirlen, bis das Öl emulgiert. Über den Salat träufeln und servieren.

Wassermelonensalat mit gegrilltem Halloumi

(ergibt 4–6 Portionen)

Halloumi ist ein milder, salziger, halbfester, mediterraner Käse, der beim Grillen oder auch beim Anbraten in der Pfanne wunderbar seine Form behält. Sein fester Biss passt hervorragend zu reifer, saftiger Wassermelone, die einem auf der Zunge schmilzt. Manche Supermärkte führen Halloumi im Sommer, aber Sie finden ihn auf jeden Fall in türkischen, griechischen und arabischen Lebensmittelgeschäften.

200 g Halloumi-Käse, in 2,5 x 7,5 cm große Rechtecke geschnitten
1 kleine Wassermelone, in 2,5–5 cm große Stücke geschnitten
Olivenöl und Balsamicoessig zum Garnieren
4 EL Basilikum, frisch, gehackt

Grill auf 260 °C heizen und Halloumi von jeder Seite 2 Minuten grillen. Oder, falls Sie ihn in einer Pfanne braten, bei mittlerer Temperatur von jeder Seite 3–4 Minuten braten. Abkühlen lassen.

Wassermelonenstücke und Halloumi auf einer Servierplatte anrichten. Mit Olivenöl und Balsamicoessig beträufeln. Gehacktes Basilikum über den ganzen Salat streuen.

Rosmarin-Süsskartoffel-Haschee

(ergibt 4 Portionen)

900 g Süßkartoffeln oder Yamswurzel, geschält und in 2,5 cm große Stücke geschnitten
1 EL Olivenöl
1/2 süße Zwiebel, gehackt
1 rote Paprika, gehackt
1 EL Rosmarinblätter, fein gehackt
Salz und Pfeffer

In einem großen Topf mit kochendem Wasser die Süßkartoffelstücke 10 Minuten kochen. Abtropfen, abkühlen und vorsichtig mit einem Küchentuch von überschüssigem Wasser befreien.

Olivenöl in einer gusseiseren Pfanne bei mittlerer Temperatur erhitzen. Zwiebeln und Paprika hinzufügen und rund 5–8 Minuten weich sautieren. Süßkartoffelstücke und Rosmarin hinzugeben und mit der Zwiebel und der Paprika schwenken. Mit Salz und Pfeffer würzen.

20–25 Minuten in der Pfanne braten, dabei nur alle 5–7 Minuten umrühren, damit sich auf den Süßkartoffelstücken eine bräunliche Kruste bildet. Beim Umrühren einen Pfannenwender verwenden, damit sie aus dem Haschee kein Kartoffelpüree machen. Vor dem Servieren mit Salz und Pfeffer abschmecken.

Gestapeltes Grillgemüse

(ergibt 4 Portionen)

Mit herzhaftem Gemüse, das sich perfekt zum Grillen eignet, und mit Balsamicodressing garniert, könnte das gestapelte Grillgemüse auch eine eigenständige Mahlzeit sein. Ich genieße es gerne zu italienischen Gerichten oder zu Gegrilltem ... oder einfach zu beidem. Im Winter benutzen Sie am besten die Grillpfanne und im Sommer werfen Sie draußen den Grill an.

1 Aubergine, in circa 1,5 cm dicke Scheiben geschnitten
Salz, um die Aubergine schwitzen zu lassen
2 gelbe Paprikaschoten, in große Stücke geschnitten
2 Beefsteak- oder andere Fleischtomaten, in 1,5 cm dicke Scheiben geschnitten
2 Zucchini, der Länge nach in 1,5 cm dicke Scheiben geschnitten
2 Champignons, der Länge nach in 1,5 cm dicke Scheiben geschnitten
Balsamicodressing (siehe Seite 187)
Basilikumblätter zum Garnieren

Ofen auf 200 °C vorheizen. Paprikastücke rösten, bis die Haut Bläschen wirft und sich leicht abziehen lässt. Paprika abkühlen, dann Haut abziehen. Während die Paprika abkühlt, die Auberginenscheiben auf Küchenpapier legen, mit Salz bestreuen und „schwitzen" lassen. Restliches Gemüse schneiden und Grill bzw. Grillpfanne auf mittlere Temperatur erhitzen. Grill mit Olivenöl bestreichen, damit das Gemüse nicht festklebt. Auberginenstücke trocken tupfen, dann Auberginen-, Zucchini- und Champignonstücke ungefähr 4–5 Minuten von jeder Seite braten, bis sie weich sind und Grillabdrücke haben. Vom Herd bzw. Grill nehmen und Champignons, Paprika, Zucchini, Tomate und Aubergine zu einem Türmchen häufen. Mit Balsamicodressing beträufeln und mit Basilikumblättern garnieren. Sofort servieren.

Kapitel fünf: Soßen, Marinaden und Dressings

Béchamelsosse ... 186

Balsamicodressing ... 187

Barbecuesosse ... 188

Selbst gemachte Marinara-Sosse ...190

Selbst gemachte Pizzasosse ... 191

Selbst gemachtes Pesto ... 193

Garam Masala ... 194

Selbst gemachter Ricotta-Käse ... 195

Selbst gemachte Taco-Würzmischung ... 196

chimichurrisosse ... 197

Selbst gemachte Mayo ... 198

Zwiebeln in Limettensaft ... 199

Grüne Salsa ... 200

Béchamelsosse

(ergibt 625 ml)

560 ml Milch
60 g gesalzene Butter
4 EL Pfeilwurzelstärke
1 Prise Muskat
Salz und Pfeffer zum Würzen

Milch bei mittlerer Temperatur rund 3–4 Minuten erhitzen, bis sie dampft. Darauf achten, dass sie nicht anbrennt.

Butter bei mittlerer Temperatur in einer Pfanne schmelzen. Pfeilwurzelstärke unterrühren. Erhitzte Milch hineingießen, dabei ständig rühren, damit sich keine Klümpchen bilden. Wenn sie zu kochen beginnt, Temperatur reduzieren, mit einer Prise Salz würzen und sanft köcheln lassen. Mischung alle 3–5 Minuten verquirlen. Falls die Soße zu dick wird, mit je 1 EL Milch verdünnen. Vom Herd nehmen. Eine Prise Muskat und zwei Prisen frischer Pfeffer hinzugeben und, falls nötig, nachsalzen.

Die Béchamelsoße eignet sich hervorragend als Basis für Gratins und für Zucchini-Käseauflauf (siehe Seite 150).

Balsamicodressing

(Dressing für einen Salat für 4 Personen)

Dieses Dressing nehme ich am häufigsten als Grundlage für andere Salatdressings, denn mit ihm kann man gar nichts falsch machen. Immer wenn ich in einem tollen Supermarkt bin oder eine kulinarische Rundreise an einen wundervollen Ort wie Napa oder Italien mache, kaufe ich alle erdenklichen Essigsorten. Probieren und mischen Sie verschiedene Essige, experimentieren Sie mit getrockneten Kräutern oder nehmen Sie statt Essig auch mal frisch gepresste Zitrone oder Orangensaft, um den Geschmack etwas zu variieren. Wenn Sie das Rezept verdoppeln müssen oder etwas mehr im Voraus zubereiten möchten, sollten Sie dennoch immer darauf achten, dass Sie 3 Teile Öl mit 1 Teil Essig mischen. Dann können Sie so viel oder so wenig Dressing machen, wie Sie möchten.

---

3 EL Olivenöl
1/2 EL Balsamicoessig
1/2 EL Rotweinessig
1 TL Dijonsenf
1 Prise Knoblauchsalz, Salz, Pfeffer, getrockneter Oregano und getrocknetes Basilikum

---

In einer kleinen Rührschüssel alle Zutaten vermischen; die getrockneten Kräuter mit den Händen zu Pulver zermahlen und erst dann zum Dressing geben. Alle Zutaten vermischen und Dressing mit dem Salat vermengen.

Barbecuesosse

(ergibt 375 ml Soße)

7 Datteln, entkernt und gehackt
80 g Bio-Heidelbeeren
170 g Bio-Tomatenmark
250 ml Wasser
2 EL Essig Ihrer Wahl (ich nehme Balsamico)
1 EL Butter (oder Olivenöl, wenn Sie es milchfrei möchten)
1 TL Dijonsenf
1 TL Knoblauchpulver
1 TL Zwiebelpulver
1/2 TL Pfeffer, gemahlen
1/2 TL Paprikapulver, geräuchert
2 TL Salz
1/4 TL Cayennepfeffer

Alle Zutaten in einen großen Topf oder einen Le Creuset-Bräter geben. Leicht aufkochen und dann rund 15–20 Minuten köcheln. Vom Herd nehmen und 10 Minuten abkühlen lassen. Anschließend die gesamten Zutaten in einem Vitamix oder einer Küchenmaschine zu einer glatten Soße verarbeiten. Sollte die Soße zu dick sein, nach und nach je 1 EL Wasser hinzugeben, bis sie die gewünschte Konsistenz hat.

Selbst gemachte Marinara-Sosse

(ergibt 500 ml)

2 Dosen (je 400 g) Tomaten, stückig (OHNE Zucker! Achten Sie auf das Etikett)
85 g Tomatenmark (ebenfalls OHNE Zucker!)
1 EL Olivenöl
2–3 Knoblauchzehen, gehackt
10 Basilikumblätter, gehackt
1 TL Butter
1 Prise Salz

Stückige Tomaten und Tomatenmark im Vitamix oder Mixer zu Püree verarbeiten.

Olivenöl erhitzen, bis es sehr heiß ist. Knoblauch und Basilikum hinzugeben und 2 Minuten unter Rühren braten.

Tomatenpüree hinzugeben. Zum Kochen bringen. Butter und 1 Prise Salz hinzugeben. 15–20 Minuten köcheln, probieren und bei Bedarf mit Salz abschmecken.

Selbst gemachte Pizzasosse

(ergibt 250 ml)

1 Dose (400 g) Tomaten, stückig
1 Knoblauchzehe, fein gehackt
5 Basilikumblätter, gehackt
1 EL Olivenöl
2 EL Tomatenmark
1 TL Butter
Salz und Pfeffer

Tomaten in der Küchenmaschine oder im Vitamix zu einer glatten Konsistenz verarbeiten.

In einem Topf bei mittlerer Temperatur Knoblauch und Basilikum in Olivenöl rund 3 Minuten weich sautieren. Pürierte Tomaten und Tomatenmark hinzugeben und umrühren, bis alles gut vermischt ist. Temperatur reduzieren und 10 Minuten köcheln. Mit Butter, Salz und Pfeffer würzen. Weitere 5 Minuten köcheln. Abschmecken und auf Pizza streichen.

Selbst gemachtes Pesto

(ergibt 250 ml)

2 Bund Basilikumblätter, gewaschen und trocken getupft
4 EL Pinienkerne (roh oder geröstet, wie Sie mögen)
1 TL Knoblauch, fein gehackt
80–125 ml Olivenöl
40 g Parmesan, frisch gerieben
Salz und Pfeffer (nur optional, denn normalerweise sorgt der Parmesan schon für ausreichend salzigen Geschmack)

Basilikumblätter, Pinienkerne, Knoblauch und Olivenöl in eine Küchenmaschine geben. Klein hacken (ungefähr 3- bis 5-mal auf Puls drücken). Die Masse zwischendurch möglicherweise mit einem Spatel von den Seiten nach unten schaben. Parmesan hinzugeben, weitere 2- bis 3-mal auf Puls drücken, bis das Pesto die gewünschte Konsistenz hat. Bei Bedarf mit Salz und Pfeffer abschmecken.

Garam Masala

1 TL Kreuzkümmel, gemahlen
1/2 TL Koriander, gemahlen
1/2 TL Kardamom, gemahlen
1/2 TL schwarzer Pfeffer, gemahlen
1/4 TL Zimt, gemahlen
1 Prise Nelken, gemahlen
1 Prise Muskatnuss, gemahlen

Alle Zutaten vermengen und gründlich mischen. Als Gewürz für Chicken Tikka Masala verwenden.

Selbst gemachter Ricotta-Käse

(ergibt 250 ml)

Ricotta-Käse ist ein toller, kohlenhydratarmer Snack für zwischendurch. Er eignet sich auch perfekt, wenn Sie einen Salat oder eine Pizza mit einem frischen, köstlichen Belag garnieren möchten.

2 l Vollmilch
125 ml Konditorsahne
1/2 TL Salz
Saft von 1 kleinen Zitrone (rund 1 1/2 EL)

Milch, Sahne und Salz zum Kochen bringen und mit einem Holzlöffel umrühren, damit sich kein Film am Topfrand bildet. Wenn die Mischung kocht, den Zitronensaft hinzugeben. Temperatur reduzieren und unter ständigem Umrühren köcheln. Die Mischung beginnt nach 3–4 Minuten zu gerinnen. Der Käsebruch ist anfangs noch klein, klumpt dann aber noch etwas mehr.

Die Käsebruchmischung durch ein Durchseihtuch in einem Sieb in eine große Schüssel gießen. Die Flüssigkeit läuft durch das Tuch und aus dem restlichen Käsebruch entsteht Ricotta. Die Käsebruchmischung nur 5–10 Minuten durch das Sieb laufen lassen, sonst wird der Ricotta zu trocken. Ricotta bis zum Verzehr im Kühlschrank aufbewahren.

Selbst gemachte Taco-Würzmischung

(reicht für 450 g Fleisch)

1 EL Chilipulver
1/4 TL Knoblauchpulver
1/4 TL Zwiebelpulver
1/4 TL Oregano, getrocknet
1/2 TL Paprikapulver, geräuchert
1 1/2 TL Kreuzkümmel
1 TL Salz
1/2 TL Pfeffer
1 Prise Cayennepfeffer, wer es scharf mag (optional)

Alle Zutaten gründlich vermischen und statt gekauftem Taco-Gewürz verwenden.

Chimichurrisosse

(ergibt 250 ml)

1 Bund Petersilie, klein gehackt
1 1/2 EL Oregano, frisch, fein gehackt
1 1/2 EL Knoblauch, frisch, fein gehackt
1/4 TL Cayennepfeffer
1/2 TL Salz
2 EL Rotweinessig
4 EL Olivenöl

In einer mittelgroßen Rührschüssel Petersilie, Oregano und Knoblauch miteinander vermengen. Cayennepfeffer, Salz, Rotweinessig und Olivenöl zur Petersilienmischung geben. Alles gut vermischen und mit Klarsichtfolie abdecken. Mischung so lange wie möglich im Kühlschrank aufbewahren, damit sich die Aromen miteinander verbinden. Zu Kronfleischspießen oder jeder anderen Art gegrillten Fleisches servieren.

Selbst gemachte Mayo

(ergibt 180 ml)

Vielleicht ist es ein typisches Südstaatending, aber ich liebe Mayo. Leider findet man kaum zuckerfreie Mayo, die nicht jede Menge Öl enthält. Warum also nicht selbst machen? Am Ende noch Knoblauch dazugeben (wenn Sie möchten) und schon hat man Aioli, was sich toll anhört, aber letztlich auch nichts anderes ist als Mayo mit Knoblauch.

Servieren Sie Ihre selbst gemachte Mayo zu gegrilltem Fleisch, geröstetem Gemüse oder verwenden Sie sie als Grundlage für cremige Dressings. Im Kühlschrank aufbewahren (ach nee, wer hätte das gedacht?) und alle paar Tage eine neue Portion machen. Selbst gemachte Mayo enthält rohes Eigelb, sollten Sie also schwanger sein oder eine Immunschwäche haben, sollten Sie vielleicht lieber die gekaufte Mayo nehmen. Aber ansonsten können Sie die selbst gemachte Mayo in vollen Zügen genießen.

1 großes Eigelb
2 TL Zitronensaft
1 TL Champagner- oder Weißweinessig
1/2 TL Salz
180 ml mildes Oliven- oder Avocadoöl

In einer kleinen Rührschüssel Ei, Zitronensaft, Essig und Salz mit einem Handmixer auf der höchsten Stufe cremig schlagen. Nach und nach jeweils ein paar Tropfen Olivenöl hinzugeben und gleichzeitig mit dem Mixer weiter die Mayo mixen. Es dauert rund 10–12 Minuten, bis das ganze Öl nach und nach untergemischt ist; dabei den Mixer die ganze Zeit laufen lassen.

Zwiebeln in Limettensaft

(ergibt 250 ml)

Eine äußerst nette Dame aus Mexiko hat mir diesen Trick verraten, durch den Ihre Kochkünste eine ganz andere Ebene erreichen. Verwenden Sie diese Zwiebeln in verschiedenen Gerichten, um den Geschmack noch zu verbessern: Quesadilla-Auflauf, Pfeffriger Ingwer-Pak-Choi, Kokosnuss-Ingwer-Mangold ... Außerdem eignen sie sich auch hervorragend für Marinaden, Salatdressings oder sogar als Pizzabelag, Topping für Schongarergerichte oder jedes Gericht, das durch pikante Zwiebeln aufgepeppt werden kann.

Saft von 7–8 Limetten
1 große Zwiebel, dünn geschnitten

Limettensaft in eine kleine Rührschüssel gießen. Zwiebelscheiben in Limettensaft legen, abdecken und bis zum Gebrauch bzw. bis zu drei Tage im Kühlschrank aufbewahren.

Grüne Salsa

(ergibt 375 ml)

450 g Tomatillos, gewaschen und geschält
1/2 süße Zwiebel, gehackt
1 Jalapeño, gehackt, entstielt und entkernt
4 EL Korianderblätter
115 g geröstete grüne Chilischoten (aus dem Glas)

Ofen auf 230 °C vorheizen. Gesäuberte Tomatillos auf ein mit Alufolie ausgelegtes Backblech legen. Tomatillos 10 Minuten bzw. bis die Haut langsam Bläschen wirft, rösten. Aus dem Ofen nehmen. Abkühlen lassen.

Geröstete Tomatillos, Zwiebel, Jalapeño, Koriander und grüne Chilischoten in eine Küchenmaschine oder einen Mixer geben. Bis zur gewünschten Konsistenz mixen.

Kapitel sechs: Frühstück

Coddled Egg à la Minnie ... 202

Rührei mit Räucherlachs ... 204

Guten-Morgen-Rührei ... 205

Eier-Cupcakes mit Prosciutto und Spinat ... 206

Kakao-Smoothie ... 209

Der Multi-Vitamin-Shake ... 210

Vinnies Energy-Shake ... 212

Danieles Grünkohl-Piña Colada ... 213

Andreas getreidefreies Müsli ... 214

Leinsamen-Pancakes ... 216

Orangen-Kokosnuss-PopOver-Küchlein ... 218

PopOver mit Speck und Gruyère... 219

Würzige Apfelmuffins ... 220

EIN WORT ZU EIERN

Eier sind eine perfekte Proteinquelle. Es gibt unzählige Arten der Zubereitung: Rührei, pochierte Eier, Spiegeleier, hart gekochte Eier, weich gekochte Eier, Coddled Eggs ... Man kann sie mit unzähligen Zutaten vermischen. Ich mache morgens gerne ein einfaches Rührei, um darin die Gemüsereste vom Vortag aufzubrauchen. Das geht auch gut mit Eier-Cupcakes, die später als Snack oder am nächsten Tag zum Frühstück verzehrt werden können. Oder machen Sie Eier zum Abendessen, wenn Sie Proteine brauchen. Experimentieren Sie ruhig damit herum!

Coddled Egg à la Minnie

(ergibt 1 Portion)

Minnie in der Nachbarschaft zu haben, ist so, als hätte man die kluge, liebe, überaus talentierte Mama Bär an seiner Seite, mit der man jederzeit lachen kann. Wir weinen aber auch miteinander, doch wenn Minnie weint, hört es sich irgendwie viel cooler an, weil sie Britin ist. Sie hat mir auch beigebracht, herrliche Coddled Eggs zuzubereiten. Minnie ist einer dieser Menschen, die einfach alles können – unter anderem ein Coddled Egg zubereiten – und man möchte einfach nur mit ihr Zeit verbringen.

Butter zum Einfetten des Auflaufförmchens
1 Ei
2 EL Konditorsahne
1 Basilikumblatt, fein gehackt
Salz und Pfeffer zum Würzen
1 TL Parmesan, frisch gerieben

Ofen auf 200 °C vorheizen. Ein flaches Auflaufförmchen mit Butter einfetten. Ein Ei in das Förmchen aufschlagen, Konditorsahne, Basilikum und eine Prise Salz und Pfeffer dazugeben. Mit frischem Parmesan garnieren.

Auflaufförmchen auf ein Backblech stellen, damit es stabil steht und es keine Schweinerei gibt, weil es überläuft.

Backblech 7–10 Minuten in den Ofen schieben bzw. bis das Ei den gewünschten Garzustand erreicht hat. Ich mag mein Ei gerne halbweich, darum lasse ich es 8–9 Minuten im Ofen. Herausnehmen und 1–2 Minuten zum Abkühlen beiseitestellen.

Rührei mit Räucherlachs

(ergibt 2 Portionen)

4 Eier
1 EL Konditorsahne
Salz und Pfeffer zum Würzen
1 TL Butter
55 g Räucherlachs, in 0,5 cm große Stücke geschnitten
1 TL Dill, frisch und fein gehackt, sowie etwas mehr zum Garnieren
1 EL Frischkäse (optional)

In einer Rührschüssel Eier und Konditorsahne verrühren. Mit einer Prise Salz und Pfeffer würzen. Butter in einer kleinen, antihaftbeschichteten Pfanne bei mittlerer Temperatur erhitzen und schmelzende Butter in der Pfanne schwenken. Rühreimischung in die heiße Pfanne gießen. Mit einem weichen Gummispatel die Eier 1 Minute verrühren, bis sie langsam fest werden. Lachs, Dill und Frischkäse darüberstreuen. Eier weiter verrühren, bis sie die gewünschte Konsistenz erreicht haben (meist noch 2–3 Minuten). Mit weiterem Dill garnieren und sofort servieren.

Guten-Morgen-Rührei

(ergibt 2–3 Portionen)

1 TL Butter
1 EL Schalotten, fein gehackt
3 Mini-Paprikaschoten, gehackt (oder 1/2 rote Paprika)
55 g Datteltomaten, halbiert (oder Kirschtomaten)
5–7 Basilikumblätter, gehackt
4 Eier
1 TL Konditorsahne
Salz und Pfeffer
4 EL Käse, gerieben (Colby Jack, Parmesan, Cheddar oder Käse Ihrer Wahl)

Butter in einer antihaftbeschichteten Pfanne bei mittlerer Temperatur erhitzen, bis sie Bläschen wirft. Schalotten und Paprika rund 3–4 Minuten weich sautieren; darauf achten, dass sie nicht anbrennen. Tomaten und Basilikum hinzugeben und 3–4 Minuten weiter sautieren, bis sie weich sind und das Basilikum duftet. In einer separaten Schüssel Eier, Sahne, Salz und Pfeffer verquirlen, bis alles gut vermischt ist. In die heiße Pfanne über das Gemüse gießen. Mit einem Pfannenwender die Eier immer wieder mit dem Gemüse vermischen, bis die Eier die gewünschte Konsistenz haben. Mit geriebenem Käse garnieren. Sofort servieren.

Eier-Cupcakes mit Prosciutto und Spinat

(ergibt 6 Cupcakes)

Es gibt Millionen Varianten von Eier-Cupcakes, je nachdem, was Sie im Kühlschrank haben. Ich mache sie gerne mit Gemüse, ein wenig Fleisch und etwas Käse. Man kann sie sehr gut für ein schnelles Frühstück oder als Snack im Kühlschrank aufbewahren. Die Cupcakes schmecken sowohl heiß als auch kalt.

Kurzer Tipp: Aus dem Gemüse sollte vorher das überschüssige Wasser gepresst oder abgetropft werden, weil die Eier-Cupcakes sonst matschig werden.

1 TL Olivenöl
3 große Handvoll Spinat, frisch
1/2 TL Zwiebelpulver
3 Scheiben Prosciutto, Fett entfernt, in circa 1,5 cm große Stücke geschnitten
6 Eier
1 EL Konditorsahne
Salz und Pfeffer zum Würzen
55 g Cheddar, gerieben
Olivenöl als Spray für das Muffinblech

Ofen auf 175 °C vorheizen. Olivenöl in einer hochwandigen Pfanne bei mittlerer Temperatur erhitzen. Spinat in die Pfanne werfen, Zwiebelpulver hinzugeben, schwenken, abdecken und rund 2 Minuten erhitzen, bis der Spinat welk wird. Spinat aus der Pfanne nehmen und auf einem Küchenpapier abtropfen lassen. Wenn gewünscht, Prosciutto sautieren, bis er knusprig ist, und vom Herd nehmen.

In einer mittelgroßen Schüssel Eier aufschlagen und mit Konditorsahne vermengen, dann mit frischem Pfeffer und einer Prise Salz würzen. Käse zu den Eiern geben und gut verrühren. Muffinblech mit Olivenöl besprühen, um ein Festkleben zu verhindern. Spinat und Prosciutto auf Muffinförmchen verteilen. Eier gleichmäßig über den Spinat und den Prosciutto in die Muffinförmchen gießen. 20–25 Minuten bei 175 °C backen. Mit einem stumpfen Messer die Eier-Cupcakes aus dem Muffinblech holen und sofort servieren.

Kakao-Smoothie

(ergibt 2 Portionen)

2 EL Kakaopulver, ungesüßt
150 g Heidelbeeren, gefroren
1 große Handvoll Spinat, frisch
1 EL Mandelbutter
250 ml Mandelmilch

Alle Zutaten in einem Mixer oder Vitamix vermischen und genießen!

Der Multi-Vitamin-Shake

(ergibt 2–3 Portionen)

Ich gebe immer jede Menge Wasser an den Shake, damit er eher wie Saft als wie ein stückiger Smoothie schmeckt. Die Ballaststoffe bleiben dabei aber erhalten.

5–6 Blätter Römersalat
2–3 Selleriestangen, gehackt
1 große Handvoll Spinat
1 Apfel, entkernt und in Stücke geschnitten
2,5 cm Ingwer, geschält und in Stücke geschnitten
1/2 Gurke, in Stücke geschnitten
Saft von 1 Zitrone
500 ml Wasser

Alle Zutaten in einen Vitamix oder ähnlichen Mixer geben und glatt pürieren.

EAU
MINÉRALE

Vinnies Energy-Shake

(ergibt 2 Smoothies à 450 ml)

Es gibt niemanden auf der Welt, der mit meinem Freund Vinnie Tortorich zu vergleichen wäre. Ich habe großes Glück, dass ich ihm begegnet bin, denn ohne ihn gäbe es dieses Kochbuch nicht. Zwar behauptet er, er könne nicht kochen, aber von ihm stammt dieses Smoothie-Rezept, darum ist er meiner Meinung nach auf dem besten Wege, ein Experte zu werden.

Im Drehbuch zu „Anna Buys A Vitamix“ ist dieser Shake der entscheidende Auslöser, warum ich mir meinen Vitamix kaufe. Zusammen mit meinem Paderno-Spiralschneider ist der Vitamix mein absolutes Lieblingsküchenutensil. Zwar ist ein Vitamix für diesen Trank nicht unbedingt nötig, aber er mixt einfach traumhaft. Statt Joghurt und/oder Kokosnussöl können Sie auch Avocado verwenden. Geben Sie noch Ingwer, Minze oder sogar Cayennepfeffer hinzu – alles, womit Sie gerne experimentieren möchten. Wie der „Angriest Trainer”-Podcast ist dieser Smoothie ein gigantisches, sich entwickelndes Experiment mit tollen Ergebnissen für diejenigen, die sich auf die Reise begeben.

8–10 Mandeln, roh (oder Walnüsse)
150 g Beeren, frisch
75 g Beeren, gefroren
4 EL griechischer Joghurt, Vollfett
(oder Kokosnussmilch als milchfreie Variante)
1 EL Kokosnussöl
375 ml Wasser
2 große Handvoll Spinat oder Grünkohl
0,5–1 EL Konditorsahne (optional, zum Verfeinern)

Alle Zutaten mit Ausnahme der Konditorsahne in einen Vitamix oder ähnlichen Mixer geben. Sehr glatt pürieren, rund 90 Sekunden bis 2 Minuten. Wenn gewünscht, für die letzten 10 Sekunden des Mixvorgangs Konditorsahne hinzugeben. In Gläser gießen und servieren.

Danieles Grünkohl-Piña Colada

(ergibt 2 Portionen)

Meine Schreibpartnerin und treue Freundin, Daniele Passantino, hat mir dieses Rezept gegeben. Zusammen haben wir unter anderem zwei Drehbücher geschrieben. Sie ist wunderbar, ich liebe sie und ich bin ihr ewig dankbar dafür, dass sie dafür sorgt, dass ich bei der Stange bleibe.

1 große Handvoll Grünkohl oder Spinat
60 g Ananas, gefroren
4–5 Pfefferminzblätter
4 EL Kokosnussmilch
250 ml Wasser
8 Mandeln (oder Nüsse Ihrer Wahl – Macadamia, Haselnuss, Cashew etc.)

Alle Zutaten im Vitamix (oder ähnlichem Mixer) mixen. Wenn das Getränk dünnflüssiger sein soll, mehr Wasser hinzugeben. Und mehr Grünkohl, wenn es mehr nach Kohl schmecken soll.

Andreas getreidefreies Müsli

(ergibt 4–6 Portionen)

Haben Sie schon einmal in einer späteren Lebensphase eine neue Freundschaft geschlossen, obwohl Sie dachten: „Ach, ich kenne schon all meine Freunde und Freundinnen."? Und dann, fünf Minuten nachdem Sie diese neue Freundin kennengelernt haben, dachten Sie: „Es fühlt sich an, als wären wir schon befreundet, seit wir drei Jahre alt waren." Genauso war es mit Andrea. Und wenn Sie erst ihr köstliches getreidefreies Müsli gemacht haben, denken Sie wahrscheinlich genauso über Andrea. Hinweis: Pflanzliches Glycerin findet man meistens in Reformhäusern bei den Hautpflegeprodukten.

125 g Mandeln, roh und gehackt
125 g Walnüsse, roh und gehackt
75 g Kürbiskerne
75 g Sonnenblumenkerne
25 g Kokosflocken, ungesüßt
1 EL Zimt
1 TL Vanilleextrakt
2 EL Kokosnussöl
1 EL pflanzliches Glycerin (optional)
2 EL Kokosblütenzucker (optional)

Ofen auf 200 °C vorheizen. Alle Zutaten in einen Gefrierbeutel füllen und schütteln, schütteln, schütteln.

Auf einem mit Alufolie ausgelegten Backblech verteilen. 5 Minuten backen; darauf achten, dass nichts anbrennt.

20 Minuten abkühlen lassen, dann servieren oder in Snackbeuteln aufbewahren.

Leinsamen-Pancakes

(ergibt 2 Portionen)

4 EL Leinsamen, gemahlen
4 EL Kokosmehl
125 ml Vollmilch
1 EL griechischer Joghurt
1 Ei
1/2 TL Vanilleextrakt
1/2 TL Natron
4 EL Heidelbeeren
4 EL Walnüsse, in Stücken
Butter zum Braten
Schlagsahne (optional)

Leinsamenmehl, Kokosmehl, Milch, Joghurt, Ei, Vanille und Natron in eine große Rührschüssel geben. Gut vermischen. Der Teig wird ziemlich dick.

Einen großen Klecks Butter bei mittlerer Temperatur in einer antihaftbeschichteten Pfanne erhitzen, bis er Bläschen wirft und fast brät. 4 EL Teig in die Pfanne geben. Teig vorsichtig herunterdrücken, sodass er die Form eines Pancakes bekommt. Rund 3 Minuten braten, bis er von einer Seite leicht braun ist. Ein paar Heidelbeeren und Walnussstücke in jeden Pancake drücken, dann den Pancake wenden und weitere 1–2 Minuten von der anderen Seite braten. Mit weiterer Butter und dem restlichen Teig wiederholen, bis der Teig aufgebraucht ist.

Heiße Pancakes dünn mit Butter bestreichen oder mit Schlagsahne servieren.

Orangen-Kokosnuss-PopOver-Küchlein

(ergibt 12 PopOver-Küchlein)

4 große Eier
1 Dose (400 ml) Kokosnussmilch
2 TL Orangenschale, fein gerieben
4 EL Butter, geschmolzen
65 g Kokosmehl
1/4 gehäufter TL Xanthan
1/2 TL Natron
1/2 TL Salz
3–5 EL Wasser (optional)

Ofen auf 215 °C vorheizen. In einer großen Schüssel Eier, Kokosnussmilch und Orangenschale verquirlen. Die Kokosnussmilch kommt ziemlich klumpig aus der Dose. Kein Grund zur Panik – einfach weiterquirlen, bis sie eine glatte Konsistenz hat. 3 EL der geschmolzenen Butter unterziehen. In einer anderen Schüssel Kokosmehl, Xanthan, Natron und Salz vermengen, bis alles gut vermischt ist. Die feuchten Zutaten unter die trockenen Zutaten mischen, bis sich nur noch kleine Klümpchen bilden. Zum Anfeuchten, wenn nötig, nach und nach je 1 EL Wasser zum Teig geben.

Mulden eines Muffinblechs mit dem restlichen 1 EL der geschmolzenen Butter bestreichen. Muffinblech 5 Minuten im Ofen erhitzen, bis die Butter eine nussbraune Farbe hat. Mulden fast vollständig mit Teig füllen. PopOver 25–30 Minuten backen, bis sie aufgehen und eine bräunliche Farbe haben. Mit Butter servieren und sofort verzehren.

PopOver mit Speck und Gruyère:

Für herzhafte PopOver die Orangenschale weglassen und stattdessen die folgenden Zutaten verwenden:
30 g Gruyère, gerieben
1 kleine Handvoll gebratener Speck, in kleinen Stücken

Die PopOver wie oben beschrieben zubereiten, aber die Orangenschale weglassen. Teig in die Muffinförmchen gießen und jeden PopOver mit Speck und Gruyère bestreuen. 25–30 Minuten backen, bis die Küchlein aufgehen und eine braune Farbe angenommen haben. Darauf achten, dass der Speck nicht anbrennt.

Würzige Apfel-Muffins

(ergibt 6 Muffins)

130 g Leinsamen, gemahlen
4 EL Kokosmehl
1 TL Natron
1 TL Salz
2 EL Zimt
2 TL Ingwer, gemahlen
1 TL Piment
1/2 TL Nelken, gemahlen
1/2 TL Muskatnuss
1 EL Kokosnussöl, geschmolzen
2 Gala-Äpfel, geschält und gerieben
2 Eier
125 ml Milch
Kokosnussöl als Spray für das Muffinblech

Ofen auf 175 °C vorheizen. Alle trockenen Zutaten miteinander vermengen und gründlich verquirlen. Kokosnussöl, Äpfel, Eier und Milch hinzugeben und gründlich vermengen. Ein Muffinblech ölen und Teig gleichmäßig auf die Mulden verteilen. 35–40 Minuten backen, bis ein hineingestochener Zahnstocher sauber herauskommt.

Kapitel sieben: Desserts

Ein Wort über Süßigkeiten

In diesem Kapitel präsentiere ich Ihnen eine bescheidene Auswahl an Rezepten, die Ihr Leben noch lebenswerter machen sollen. Die Zucker- und Getreideversuchungen lauern an jeder Straßenecke. Nehmen Sie darum die Sache selbst in die Hand, indem Sie Ihre eigenen Leckereien aus frischen Zutaten zaubern.

Jedes Rezept enthält nur sehr wenig Zucker im Vergleich zum Fettgehalt des gesamten Rezepts. Und auch wenn Sie manche der Süßungsmittel als solche nicht erkennen, werden diese zu guten Freunden, mit denen Sie nur zu besonderen Gelegenheiten schwatzen, weil süße Nachtische immer weniger wichtig werden.

Wenn Sie ein paar Wochen lang keinen Zucker und kein Getreide gegessen haben, schmecken diese Nachtische so geschmackvoll, dass ich Ihnen versprechen kann, dass Sie nie wieder einen Blechkuchen aus dem Supermarkt vermissen werden.

Mandelmus-Törtchen ... 224

Sautierte Beeren mit Minzschlagsahne ... 226

Beeren-Clafouti ... 227

Cheesecake-Tarte ... 228

Zitronenkuchen ... 230

Sautierte Pfirsiche mit Zimt-Mandel-Cookie-Crumble ... 233

Paleo-Kürbiskuchen ... 234

Schoko-Kokosnuss-Chiapudding ... 236

Vanille-Pannacotta ... 239

Kürbis-Walnuss-Cookies ... 240

Mexikanischer Schokopudding ... 241

Erdbeer-„Eis“ mit Schokochips ... 243

Mandelmus-Törtchen

(ergibt 6 Stück)

80 ml Kokosnussöl, geschmolzen
160 ml Mandelmus
1 TL Vanilleextrakt
55 g dunkle Schokolade mit 85 % Kakaoanteil (optional)

Alle Zutaten mit Ausnahme der Schokolade verquirlen. Muffinförmchen zur Hälfte mit Teig füllen, bis der Teig aufgebraucht ist. Zum Aushärten mindestens 2 Stunden in den Kühlschrank stellen, dann aus den Muffinförmchen herausholen. Bis zum Verzehr im Kühlschrank aufbewahren, damit die Mandelmus-Törtchen ihre Form behalten.

Schokolade im Wasserbad oder in der Mikrowelle schmelzen. Schokolade in einen kleinen Gefrierbeutel gießen, dabei darauf achten, dass sich die Schokolade in einer Ecke am unteren Ende des Beutels befindet. Ecke mit einer Schere abschneiden und Schokolade über die Mandelmus-Törtchen träufeln. Törtchen wieder in den Kühlschrank stellen, damit die Schokolade hart wird.

ODER
300 g frische Himbeeren und Heidelbeeren

Cheesecake-Tarte gleichmäßig mit einer Schicht frischer Himbeeren und Heidelbeeren belegen.

Zitronenkuchen

(ergibt 6–8 Stücke)

KUCHEN

230 g Mandelmehl
65 g Kokosmehl
1/2 TL Meersalz
3 TL Backpulver
125 ml Rohhonig (falls er fest ist, aufwärmen, bis er flüssig ist)
160 ml Kokosnussöl sowie etwas mehr zum Einfetten der Pfanne (falls das Öl fest ist, aufwärmen, bis es flüssig ist)
5 Eier
180 ml Kokoscreme
2 EL Vanilleextrakt
1 EL fein gehackte Zitronenschale

GLASUR

Saft von 2–3 Zitronen
Schale von 1 Zitrone
4 EL Rohhonig
1 Vanilleschote

Ofen auf 175 °C vorheizen. Eine 20 x 20 cm große Backform leicht mit Kokosnussöl einfetten. Anschließend Backpapier auf den Boden der Backform legen. Mandelmehl, Kokosmehl, Meersalz und Backpulver in einer großen Rührschüssel vermischen. Zutaten mit einem Schneebesen verquirlen, um alle Klümpchen zu lösen. Honig und Kokosnussöl in einem Mixer, einer Küchenmaschine oder mit einem Handmixer 1–2 Minuten vermischen. Nach und nach die Eier hinzugeben. Anschließend Kokoscreme, Vanilleextrakt und Zitronenschale hinzugeben. Wenn alle feuchten Zutaten gründlich vermengt sind, in die Schüssel mit den trockenen Zutaten geben. Mit einem Schneebesen verquirlen, bis alle Klümpchen entfernt sind. Dann die Kuchenmischung in die Backform gießen. Rund 35 Minuten backen bzw. bis ein in die Mitte gesteckter Zahnstocher beim Herausziehen sauber bleibt.

Während der Kuchen im Backofen ist, die Glasur zubereiten. In einem kleinen Topf bei mittlerer Temperatur Zitronensaft, Zitronenschale und Honig vermengen. Vanilleschote der Länge nach aufschneiden, das Mark herauskratzen und in den Topf geben. Vanilleschote hinzugeben. Temperatur reduzieren und 10–15 Minuten köcheln, zwischendurch ab und an umrühren, bis sich eine Glasur bildet; darauf achten, dass die Glasur nicht anbrennt. Vom Herd nehmen und Vanilleschote herausnehmen.

Fertig gebackenen Kuchen mindestens 10 Minuten stehen lassen, ehe er aus der Backform geholt wird. Mit einem Messer die Seiten entlangfahren, um ihn von der Backform zu lösen. Kuchen auf eine Servierplatte geben.

Mit einer Gabel mehrere Male oben in den Kuchen stechen, damit er die Glasur besser aufnehmen kann. Mit einem Pfannenwender die Glasur gleichmäßig auf dem Kuchen verteilen. Anschließend den Kuchen vor dem Servieren mindestens eine Stunde ruhen lassen, damit er das Aroma der Glasur vollständig aufnehmen kann. Servieren oder im Kühlschrank aufbewahren.

Sautierte Pfirsiche mit Zimt-Mandel-Cookie-Crumble

(ergibt 2 Portionen)

1 EL Butter
3 Pfirsiche, geschält, entsteint und in Spalten geschnitten
1 TL Vanilleextrakt
165 g Mandelmehl
2 EL Ahornsirup
1 Ei
1 EL Zimt
250 ml Schlagsahne, geschlagen, zum Garnieren

Ofen auf 175 °C vorheizen. In einer großen, hochwandigen Pfanne die Butter bei mittlerer Temperatur schmelzen. Pfirsichspalten und Vanilleextrakt hinzugeben und von jeder Seite 3–4 Minuten weich braten. Vom Herd nehmen.

In einer großen Rührschüssel Mandelmehl, Ahornsirup, Ei und Zimt zu einem Cookie-Teig vermengen. Teig auf einem mit Backpapier ausgelegten Backblech zu einem circa 1 cm dicken Cookie pressen und anschließend 15 Minuten backen, bis er am Rand goldbraun ist. Aus dem Ofen nehmen und 10 Minuten abkühlen lassen, dann in Stücke brechen.

Pfirsiche auf Auflaufförmchen verteilen und mit Cookie Crumbles und einem Klecks frisch geschlagener Sahne garnieren.

Paleo-Kürbiskuchen

(ergibt 8 Stücke)

Ein Kuchen ganz ohne schlechtes Gewissen? Hätten Sie das für möglich gehalten?

Dieses Rezept enthält nur halb so viel Zucker wie der traditionelle amerikanische Kürbiskuchen, aber ich verspreche Ihnen, dass Sie den Zucker kein Stück vermissen werden. Außerdem ist der Kuchen völlig getreidefrei und es wird nur Bio-Kokosblütenzucker verwendet, sodass er die perfekte Paleo-Leckerei ist. Wenn er so richtig paleo sein soll, nehmen Sie statt der Schlagsahne Kokosnussmilch und statt Butter Kokosnussöl.

Teigboden:

230 g Mandelmehl

115 g gesalzene Butter, geschmolzen (oder Kokosnussöl, wenn es milchfrei sein soll)

1 TL Kokosblütenzucker

1 TL Zimt

Ofen auf 175 °C vorheizen. Alle Zutaten miteinander vermengen und gründlich mischen. Gleichmäßig in eine 23 cm große Tarteform drücken. 20 Minuten goldbraun backen.

Füllung:

3 Eier
250 ml Schlagsahne sowie 250 ml zum Garnieren (wenn es richtig paleo sein soll, stattdessen Kokoscreme verwenden)
1 TL Vanilleextrakt
425 g Bio-Kürbispüree (aus der Dose, falls vorhanden)
110 g Kokosblütenzucker
1 EL Ahornsirup
2 EL Zimt, gemahlen
2 TL Ingwer, gemahlen
1 TL Piment
1/2 TL Nelken, gemahlen
1 Prise Salz

Ofen auf 175 °C vorheizen. Teigboden wie oben beschrieben zubereiten.

In einer großen Schüssel die Eier leicht schlagen. 250 ml Schlagsahne sowie Vanilleextrakt, Kürbis, Kokosblütenzucker und Ahornsirup hinzugeben und miteinander verquirlen. In einer kleinen Schüssel Zimt, Ingwer, Piment, gemahlene Nelken und eine Prise Salz miteinander vermengen. Gewürzmischung mit den feuchten Zutaten verquirlen.

Füllung auf den Teigboden gießen und 30–35 Minuten backen. Die Eiercreme ist dann in der Mitte noch glibberig, darum die Ofentemperatur auf 160 °C reduzieren und weitere 15–20 Minuten backen. Falls der Teig zu dunkel wird, den Rand des Kuchens mit Alufolie abdecken.

Mit frisch geschlagener Sahne garnieren.

Schoko-Kokosnuss-Chiapudding

(ergibt 4–6 Portionen)

Manchmal braucht man einfach etwas Süßes. Für diesen köstlich-samtigen und einfach zu machenden Pudding ist nur ein Hauch Kokosblütenzucker nötig, um ihn so richtig dekadent schmecken zu lassen – aber durch das Fett der Kokoscreme ist der glykämische Index niedrig.

1 Dose (400 ml) Kokosnussmilch, vollfett
3 EL Kakaopulver
2 EL Kokosblütenzucker
90 g Chia-Samen
125 ml Vollmilch
125 ml Konditorsahne, geschlagen zum Garnieren (optional)
4 EL Himbeeren zum Garnieren (optional)

Alle Zutaten zu einer glatten, gut durchmischten Konsistenz miteinander vermengen. Auf Auflaufförmchen oder kleine Schälchen verteilen. Mindestens 3 Stunden in den Kühlschrank stellen. Mit geschlagener Sahne und Himbeeren garnieren.

Vanille-Pannacotta

(ergibt 6–8 Portionen)

Backspray
3 1/2 TL Gelatine, geschmacksneutral
80 ml Wasser
500 ml Schlagsahne
45 g Kokosblütenzucker
1 Vanilleschote
500 ml Vollmilch

6–8 Puddingschälchen (von der Größe der Schälchen hängt ab, wie viele benötigt werden) oder Auflaufförmchen leicht mit Backspray einsprühen. Auf ein Backblech stellen und beiseitestellen. In einer kleinen Schüssel die Gelatine über das Wasser streuen. Nicht umrühren. 5 Minuten stehen lassen.

In einem Topf Schlagsahne und Zucker vermengen. Vanilleschote der Länge nach aufschneiden und Mark herauskratzen. Mark zu der Sahne und dem Zucker in den Topf geben. Anschließend Vanilleschote ebenfalls hineingeben. Erhitzen, bis die Sahne heiß ist, aber nicht kocht. Gelatinemischung hinzugeben und umrühren, bis sie sich gelöst hat. Vanilleschote noch einmal auskratzen und aus dem Topf nehmen. Herd ausstellen und Vollmilch einrühren. Mischung in Puddingschälchen füllen und vor dem Servieren bis zu 24 Stunden, aber mindestens 4 Stunden in den Kühlschrank stellen.

Kürbis-Walnuss-Cookies

(ergibt 16–18 Cookies)

245 g Kürbispüree (aus der Dose oder selbst gemacht)
115 g Mandelmehl
125 ml Kokoscreme
50 g Walnüsse, fein gehackt
3 EL Ahornsirup
1 EL Zimt
1 TL Backpulver
1/2 TL Salz
1 Ei
Kokosnussöl zum Einfetten des Backblechs

Ofen auf 190 °C vorheizen. In einer großen Rührschüssel Kürbispüree, Mandelmehl, Kokoscreme, Walnüsse, Ahornsirup, Zimt, Backpulver und Salz vermengen. Verquirlen, bis alles gut vermischt ist. Ei unterziehen und gut vermischen. Backblech mit Kokosnussöl fetten. Mit einem Esslöffel Teigbällchen auf das Backblech setzen. Zwischen den einzelnen Teigbällchen rund 2 1/2 cm Platz lassen. 25–30 Minuten backen, bis die Cookies außen knusprig und innen kuchenartig sind. Cookies vor dem Servieren 5–10 Minuten auf dem Backblech ruhen lassen.

Mexikanischer Schokopudding

(ergibt 4 Portionen)

4 Eigelbe
3 EL Kokosblütenzucker
300 ml Vollmilch
125 ml Konditorsahne
1 EL sowie 1 TL Zimt
1 TL Vanilleextrakt
225 g dunkle Schokolade mit 85 % Kakaogehalt, fein gehackt
Konditorsahne, geschlagen, zum Servieren

In einer mittelgroßen Rührschüssel Eigelbe und Kokosblütenzucker verquirlen. Milch und Konditorsahne in einem Topf bei mittlerer Temperatur zum Kochen bringen. Vom Herd nehmen. Langsam unter ständigem Rühren Milch und Sahne in die Eimischung geben. Anschließend gesamte Flüssigkeit in den Topf zurückgießen. Wieder auf den Herd stellen und Zimt und Vanilleextrakt einrühren. Dann 2–3 Minuten weiterrühren, bis die Mischung die Konsistenz von Vanillesoße hat. Topf vom Herd nehmen, Schokolade unterrühren. Weiterrühren, bis die Schokolade geschmolzen ist und die Mischung die Konsistenz von Pudding hat.

In 4 kleine Auflaufförmchen gießen und 4–6 Stunden oder über Nacht in den Kühlschrank stellen. Mit Schlagsahne servieren.

Sautierte Beeren mit Minz-Schlagsahne

(ergibt 4 Portionen)

400 g Erdbeeren
Saft von 1/2 Zitrone
1 TL Zitronen- oder Orangenschale
1 EL Wasser
235 ml Schlagsahne
5 Pfefferminzblätter, fein gehackt

Kelchblätter von den Erdbeeren entfernen und entsorgen. Erdbeeren in mundgerechte Stücke schneiden. Eine große, hochwandige Pfanne bei mittlerer Temperatur erhitzen und Erdbeeren, Zitronensaft, Zitronen- bzw. Orangenschale und Wasser hinzugeben. Ungefähr 3–4 Minuten sautieren, bis die Beeren weich sind und aromatisch duften. Vom Herd nehmen.

In einer kalten Metallschüssel die Sahne und die Pfefferminzstücke zu einer festen Masse schlagen. Sautierte Beeren mit Minz-Schlagsahne garnieren und servieren.

Beeren-Clafouti

(ergibt 4 Portionen)

Butter bei Zimmertemperatur zum Einfetten der Backform
300 g Beeren, grob gehackt
4 EL Kokosblütenzucker
3 EL Kokosmehl
1/2 TL Salz
2 Eier
300 ml Konditorsahne
180 ml Vollmilch
Schale von 1 Zitrone, fein gehackt

Ofen auf 200 °C vorheizen. Eine 20 x 20 cm große Backform großzügig mit Butter einfetten. Grob gehackte Beeren in eine Schale geben.

Kokosblütenzucker, Kokosmehl und Salz in eine Rührschüssel geben. Nach und nach die Eier unterziehen, anschließend 180 ml der Konditorsahne, Milch und Zitronenschale unterheben. Feuchte Zutaten gleichmäßig über den Beeren in der Schale verteilen.

40–45 Minuten backen, bis die Masse aufgegangen und am Rand braun ist. Die Flüssigkeit sollte durchgegart sein. Abkühlen lassen. Clafouti sinkt in der Mitte ein. Restliche 120 ml Konditorsahne schlagen. Clafouti lauwarm oder kalt servieren und mit Schlagsahne garnieren.

Cheesecake-Tarte

(ergibt 6–8 Stücke)

Für den Tortenboden:
115 g Mandelmehl
4 EL Kokosmehl
115 g gesalzene Butter, geschmolzen

Ofen auf 175 °C vorheizen. Mandelmehl, Kokosmehl und geschmolzene Butter in einer Rührschüssel gründlich vermengen, bis alles gut vermischt ist und sich ein Teig bildet. Gleichmäßig in eine Tortenform mit 23 cm Durchmesser drücken. 15–20 Minuten goldbraun backen. Abkühlen lassen.

Für die Cheesecake-Tarte-Füllung:
225 g Frischkäse bei Zimmertemperatur
1 1/2 TL Vanilleextrakt
75 g Kokosblütenzucker
1 Prise Salz
125 ml griechischer Joghurt, vollfett
125 ml Schlagsahne, geschlagen

Frischkäse schaumig schlagen. Vanilleextrakt, Kokosblütenzucker, Salz und griechischen Joghurt unterrühren, bis alles gut vermischt ist. Schlagsahne unterziehen. Auf den abgekühlten Tortenboden gießen und 8 Stunden oder über Nacht in den Kühlschrank stellen.

Für den Beeren-Belag:
300 g Erdbeeren, geviertelt
2 EL Balsamicoessig

Balsamico über die Erdbeeren gießen und vorsichtig mit einem Pfannenwender vermengen, bis die Erdbeeren vom Balsamico bedeckt sind. 5–10 Minuten ruhen lassen, damit die Erdbeeren den Balsamico aufsaugen können. Cheesecake-Tarte gleichmäßig mit den Balsamico-Erdbeeren belegen.

Erdbeer-„Eis" mit Schokochips

(ergibt 3–4 Portionen)

400 g Erdbeeren, gefroren
125 ml Konditorsahne
30 g dunkle Schokolade mit 85 % Kakaogehalt, in kleine Schokosplitter gehackt

In einem Vitamix oder Mixer Erdbeeren und Konditorsahne 2–2,5 Minuten verarbeiten, bis alles gut vermischt ist. Zwischendurch möglicherweise pausieren, um die Masse vom Gefäßrand zu kratzen, oder während des Mixens den Vitamix-Stößel verwenden. Das „Eis" nimmt einen schönen rosa Farbton an. Erdbeer-Sahnemischung aus dem Mixer in eine Schüssel füllen. Schokosplitter unterziehen. Abdecken und 10–15 Minuten ins Tiefkühlfach stellen, damit die Mischung etwas aushärtet. Mit einem Löffel in Schälchen geben und sofort servieren.

Index

A

Apfel
  Würzige Apfel-Muffins 220
Artischocken
  Hähnchen mit Artischocke, Spinat und Kirschtomaten 89
  Mimis Curry-Reis-Salat 173
Aubergine
  Gestapeltes Grillgemüse 183
Auberginen
  Auberginen-Parmesan-Auflauf 125
Avocado
  Spinatsalat mit Avocado und Lachs 179
  Super Guac 12

B

Beeren
  Beeren-Clafouti 227
  Cheesecake-Tarte 228
  Erdbeer-Eis mit Schokochips 243
  Kakao-Smoothie 209
  Sautierte Beeren mit Minz-Schlagsahne 226
  Vinnies Energy-Shake 212
Blumenkohl
  Blumenkohlkroketten 170
  Geröstete Linsen- und Blumenkohlsuppe 130
  Ingwer-Koriander-Blumenkohl-Reis 167
  Low-Carb-Vichyssoise 132
  Mimis Curry-Reis-Salat 173
  Pizzaboden aus Blumenkohl 43
  Shepherd's Pie mit Blumenkohlpüree 68
  Zitronen-Oregano-Zucchinipasta mit Blumenkohl 147
Brokkoli
  Brokkoli-Dip 29
  Brokkoli mit cremiger Zitronensoße 144
  Brokkoli mit Speck 143
  Geröstetes Frühlingsgemüse 145
  Nonnis Brokkolini 146
  Zitronen-Brokkoli-Huhn 90

C

Chia-Samen
  Schoko-Kokosnuss-Chiapudding 236

D

Datteln
  Datteln im Speckmantel 31
Dressing
  Balsamicodressing 187

E

Eier
  Coddled Egg à la Minnie 202
  Eier-Cupcakes mit Prosciutto und Spinat 206
  Guten-Morgen-Rührei 205
  Rührei mit Räucherlachs 204
  Russische Eier mit griechischem Joghurt 26
Erbsen
  Jackies Erbsensuppe 129

F

Fisch
  Gebackenes Kabeljaufilet mit Mandelkruste 50
  Koriander-Lachs in Pistazienkruste 47
  Lachs mit Zitronen-Dijon-Basilikum-Soße 49
  Thunfischsteak in Sesamkruste 46

G

Gewürzmischungen
Garam Masala 194
Selbst gemachte Taco-Würzmischung 196
Grüne Bohnen
Grüne Bohnen mit karamellisierten Schalotten 161
Wildpilzauflauf mit grünen Bohnen 162
Grünkohl
Albondigas in Kohlsuppe 136
Danieles Grünkohl-Piña Colada 213
Grünkohlchips 25
Rot- und Grünkohlsalat 165
Gurke
Zaziki-Dip 19

H

Huhn
Brathähnchensalat 97
Chicken Tikka Masala 92
Hähnchenbrust Milanese im Mandelmantel 84
Hähnchen Dijon 91
Hähnchen-Käse-Dip 32
Hähnchen mit Artischocke, Spinat und Kirschtomaten 89
Hühner-Salbei-Suppe 133
Mit Hühnchen gefüllter Eichelkürbis auf marokkanische Art 99
Selbst gemachte Hühnerbrühe 135
Supereinfaches Brathähnchen 82
Thai-Basilikumhähnchen mit Gemüse à la Tarq 96
Torris frittierte Hähnchenkeulen 86
Überbackene Hähnchenbrust 85
Zitronen-Brokkoli-Huhn 90
Zitronige Hähnchenschenkel 95

J

Joghurt
Linsenburger mit pikantem griechischem Joghurt 108
Russische Eier mit griechischem Joghurt 26
Zaziki-Dip 19

K

Kabeljau
Gebackenes Kabeljaufilet mit Mandelkruste 50
Kakao
Kakao-Smoothie 209
Schoko-Kokosnuss-Chiapudding 236
Käse
Auberginen-Parmesan-Auflauf 125
Cheesecake-Tarte 228
Datteln im Speckmantel 31
Gerösteter Spargel mit Manchego und Pinienkernen 156
Hähnchen-Käse-Dip 32
Käseball 37
Käsechips 18
Käseplätzchen/Käsestangen 24
Käsesoufflé 175
Mit Käse gefüllte Mini-Paprika 27
Quesadilla-Auflauf 115
Selbst gemachter Ricotta-Käse 195
Überbackene Hähnchenbrust 85
Wassermelonensalat mit gegrilltem Halloumi 180
Zucchini-Gratin 124
Zucchini-Käseauflauf mit Béchamelsoße 150
Kohl
Rot- und Grünkohlsalat 165
Kokosnuss
Geräucherter Lachs mit Kokosmehl-Bliny 14
Kokosnuss-Ingwer-Mangold 174
Orangen-Kokosnuss-PopOver-Küchlein 218
Schoko-Kokosnuss-Chiapudding 236
Shrimps in Kokosnusskruste 54
Kürbis
Kürbis-Walnuss-Cookies 240

Mit Hühnchen gefüllter Eichelkürbis auf marokkanische Art 99
Paleo-Kürbiskuchen 234
Risotto aus geröstetem Butternusskürbis 168

L

Lachs
Geräucherter Lachs mit Kokosmehl-Bliny 14
Koriander-Lachs in Pistazienkruste 47
Lachs mit Zitronen-Dijon-Basilikum-Soße 49
Rührei mit Räucherlachs 204
Spinatsalat mit Avocado und Lachs 179
Lamm
Gebratene Kräuter-Lammkoteletts 81
Lauch
Rinderfilet in Lauch-Senf-Kruste 56
Rosenkohl-Lauch-Auflauf 158
Linsen
Geröstete Linsen- und Blumenkohlsuppe 130
Linsenburger mit pikantem griechischem Joghurt 108

M

Mandelmehl
Einfaches, getreidefreies Brot 176
Gebackenes Kabeljaufilet mit Mandelkruste 50
Hähnchenbrust Milanese im Mandelmantel 84
Pitachips aus Mandelmehl 20
Sautierte Pfirsiche mit Zimt-Mandel-Cookie-Crumble 233
Zitronenkuchen 230
Zwiebelringe in Mandelmehlkruste 159
Mandelmus
Mandelmus-Törtchen 224
Mango
Mangosalsa 33
Mangold
Kokosnuss-Ingwer-Mangold 174

N

Nüsse
Andreas getreidefreies Müsli 214
Gebackenes Kabeljaufilet mit Mandelkruste 50
Gerösteter Spargel mit Manchego und Pinienkernen 156
Koriander-Lachs in Pistazienkruste 47
Kürbis-Walnuss-Cookies 240
Selbst gemachtes Pesto 193
Tapenade aus Kalamata-Oliven 23

O

Okra
Frittierte Okra 160
Oliven
Tapenade aus Kalamata-Oliven 23

P

Pak Choi
Pfeffriger Ingwer-Pak Choi 164
Paprika
Geröstetes Frühlingsgemüse 145
Gestapeltes Grillgemüse 183
Hummus mit roter Paprika 35
Mit Käse gefüllte Mini-Paprika 27
Mit Putenhack gefüllte grüne Paprikaschoten auf italienische Art 106
Pfeffriger Ingwer-Pak Choi 164
Pesto
Selbst gemachtes Pesto 193
Würzige Zucchinipasta mit Pesto 149
Pfirsiche
Pfirsiche im Prosciutto-Mantel 17
Sautierte Pfirsiche mit Zimt-Mandel-Cookie-Crumble 233

Pilze
Cremige Spargel-Pilz-Suppe mit Zwiebeln 140
Einfacher Rindfleisch-Champignon-Eintopf 139
Gestapeltes Grillgemüse 183
Mit Wurst gefüllte Pilze 21
Wildpilzauflauf mit grünen Bohnen 162
Prosciutto
Eier-Cupcakes mit Prosciutto und Spinat 206
Pfirsiche im Prosciutto-Mantel 17
Pute
Einfache Putenburger 102
Mit Putenhack gefüllte grüne Paprikaschoten auf italienische Art 106
Pittsburgher Puten-Chili 112
Puteneintopf mit Knödeln auf Südstaatenart 104
Putenhackbraten 103
Quesadilla-Auflauf 115
Raffinierte Putenburger 100

R

Rindfleisch
Albondigas in Kohlsuppe 136
Bürgermeisterstück aus dem Schongarer 116
Einfacher Rindfleisch-Champignon-Eintopf 139
Machaca 64
Rinderbrust aus dem Schongarer 118
Schmorbraten aus dem Schongarer 117
Shepherd's Pie mit Blumenkohlpüree 68
Zucchinispaghetti mit Bolognesesoße 70
Rosenkohl
Rosenkohl-Lauch-Auflauf 158
Rosenkohlsalat 157

S

Sahne
Beeren-Clafouti 227
Brokkoli mit cremiger Zitronensoße 144
Cremige Spargel-Pilz-Suppe mit Zwiebeln 140
Erdbeer-Eis mit Schokochips 243
Orangen-Kokosnuss-PopOver-Küchlein 218
Paleo-Kürbiskuchen 234
Sautierte Beeren mit Minz-Schlagsahne 226
Schoko-Kokosnuss-Chiapudding 236
Überbackener Rahmspinat 155
Vanille-Pannacotta 239
Zitroniger Spinat 153
Schokolade
Erdbeer-Eis mit Schokochips 243
Kakao-Smoothie 209
Mexikanischer Schokopudding 241
Schoko-Kokosnuss-Chiapudding 236
Schweinefleisch
Asiatischer Schweinelendenbraten 79
Barbecue Pulled Pork 122
Carnitas 80
Flamenquines 75
Grünes Chili mit Schweinefleisch 123
Orangen-Ingwer-Schweinekoteletts 76
Scaloppine vom Schwein 77
Schweinefilet-Medaillons 73
Schweinerippchen ohne Knochen 78
Shepherd's Pie mit Blumenkohlpüree 68
Superzarte Barbecue-Rippchen 121
Würzige Schweinekoteletts 72
Shrimps
Asiatisch marinierte Shrimp-Spieße 53
Shrimps in Kokosnusskruste 54
Soßen
Barbecuesoße 188
Béchamelsoße 186

Chimichurrisoße 197
Grüne Salsa 200
Selbst gemachte Marinara-Soße 190
Selbst gemachte Mayo 198
Selbst gemachte Pizzasoße 191
Selbst gemachtes Pesto 193
Spargel
Cremige Spargel-Pilz-Suppe mit Zwiebeln 140
Gerösteter Spargel mit Manchego und Pinienkernen 156
Speck
Brokkoli mit Speck 143
Datteln im Speckmantel 31
PopOver mit Speck und Gruyère 219
Spinat
Eier-Cupcakes mit Prosciutto und Spinat 206
Hähnchen mit Artischocke, Spinat und Kirschtomaten 89
Sirloin-Steak mit Spinatsalat 67
Spinatsalat mit Avocado und Lachs 179
Überbackener Rahmspinat 155
Zitroniger Spinat 153
Steak
Chili-Limetten-Rindersteak 55
Griechisches Flankensteak 62
Kronfleisch-Spieße 60
Rib-Eye-Steak aus der Pfanne 59
Sirloin-Steak mit Spinatsalat 67
Süßkartoffel
Rosmarin-Süßkartoffel-Haschee 181

T

Thunfisch
Thunfischsteak in Sesamkruste 46
Tomaten
Gestapeltes Grillgemüse 183
Hähnchen mit Artischocke, Spinat und Kirschtomaten 89
Herzhafter Tomateneintopf 128
Mangosalsa 33
Pittsburgher Puten-Chili 112
Selbstgemachte Marinara-Soße 190
Selbst gemachte Pizzasoße 191
Tomatillos
Grüne Salsa 200

V

Vanille
Vanille-Pannacotta 239

W

Wurst
Mit Wurst gefüllte Pilze 21
Zucchini-Gratin mit Wurst 126

Z

Zitrone
Brokkoli mit cremiger Zitronensoße 144
Lachs mit Zitronen-Dijon-Basilikum-Soße 49
Zitronen-Brokkoli-Huhn 90
Zitronenkuchen 230
Zitronen-Oregano-Zucchinipasta mit Blumenkohl 147
Zitronige Hähnchenschenkel 95
Zitroniger Spinat 153
Zucchini
Gebratene Dijon-Zucchini 152
Gestapeltes Grillgemüse 183
Würzige Zucchinipasta mit Pesto 149
Zitronen-Oregano-Zucchinipasta mit Blumenkohl 147
Zucchini-Gratin 124
Zucchini-Gratin mit Wurst 126
Zucchini-Käseauflauf mit Béchamelsoße 150
Zucchinispaghetti mit Bolognesesoße 70
Zwiebel
Cremige Spargel-Pilz-Suppe mit Zwiebeln 140
Zwiebeln in Limettensaft 199
Zwiebelringe in Mandelmehlkruste 159

Über die Autorin

Anna Vocino ist Schauspielerin, Comedian, Profi-Sprecherin und Podcasterin. Sie hat bei zahlreichen Fernsehshows, Filmen, Werbungen und Videospielen mitgewirkt – ein toller Hauptberuf, der eine wunderbare Ergänzung zu ihrer wahren Leidenschaft ist: dem Kochen und Foodblogging. 2002 wurde bei Anna Zöliakie diagnostiziert, weshalb sie es sich zur Mission gemacht hat, einfach nachzukochende, köstliche, gluten-, getreide- und zuckerfreie Varianten ihrer liebsten Wohlfühlessen zu kreieren. Anna lebt mit ihrem Mann, ihrer Tochter und ihrem kleinen Hund in Los Angeles.

Bezugsquellen

Die meisten der im Buch erwähnten Produkte wie Chia-Samen, Kokosmilch, Tahini oder verschiedene Gewürze sind in gängigen Naturkostläden erhältlich. Sie können sie auch direkt über unseren Online-Shop www.unimedica.de in der Kategorie „Gesunde Ernährung“ erhalten. Dort finden Sie ein großes Sortiment an Naturkostprodukten, u. a. auch seltene Produkte wie Sacha inchi.
Auch die für die Rezepte notwendigen Küchengeräte sowie Bio-Proteinpulver und viele Superfoods sind dort erhältlich.

MICKEY TRESCOTT

Das Autoimmun-Paleo-Kochbuch

Das erfolgreiche Protokoll bei Allergien, Hashimoto, Zöliakie und weiteren chronischen Krankheiten

320 Seiten, 29,-

Autoimmunerkrankungen wie Diabetes, Allergien, Multiple Sklerose oder Zöliakie beherrschen den Alltag vieler Menschen, während die heutige Medizin den Betroffenen oft keinen wirksamen Ausweg bietet. Das Autoimmunprotokoll wurde speziell für diese Krankheiten entwickelt. Es entfernt mögliche Auslöser in der Ernährung und schafft einen gesunden Darm – die Voraussetzung für eine Heilung von innen. Mickey Trescotts Buch ist der perfekte Begleiter für den Einstieg. Die Ernährungsberaterin und erfolgreiche Bloggerin hat sich selbst mithilfe dieser speziellen Paleo-Diät von Zöliakie, Hashimoto-Thyreoiditis und chronischer Erschöpfung geheilt.
In ihrem Werk gibt sie einen Einblick in die Wirkungsweise des Autoimmunprotokolls sowie wertvolle Tipps, wie man Küche und Vorratsschrank von allen potenziell schädlichen Lebensmitteln befreien kann. Auch stellt sie Wochenpläne und Einkaufslisten bereit, um den Umstieg so einfach wie möglich zu gestalten.
Das Herzstück des Autoimmun-Paleo-Kochbuchs bilden 112 köstliche Rezepte, die auch für Betroffene in der strengsten Phase des Protokolls geeignet sind – ohne Getreide, Hülsenfrüchte, Eier, Nüsse, Samen oder Nachtschattengewächse.

DR. ROBYNNE CHUTKAN

Das Mikrobiom – Heilung für den Darm

Der revolutionäre Weg zu neuer Gesundheit von innen heraus

344 Seiten, 24,80

„Live Dirty, Eat Clean" – lautet die einfache Formel für ein gesundes Leben der Gastroenterologin Dr. Robynne Chutkan. Dass die Darmflora entscheidend für die Gesundheit ist, ist den meisten bekannt. Die Erfolgsautorin Dr. Chutkan geht jedoch noch einen Schritt weiter und zeigt die ungeheure Bedeutung der Gesamtheit der Mikroorganismen in unserem Körper – des Mikrobioms.
Was nach Science-Fiction klingt, ist reine Biologie: Die Kleinstlebewesen beeinflussen nicht nur die Verdauung, sondern unser Wohlbefinden, ja sogar chemische Prozesse im Gehirn. Sie beeinflussen, ob wir Heißhunger haben und zu Übergewicht neigen. Werden sie zerstört wie z. B. durch häufigen Einsatz von Antibiotika, übertriebene Hygiene oder gechlortes Trinkwasser, verursacht dies viele Krankheiten – von Depression über Diabetes, Morbus Crohn, Akne, Infekte bis hin zu Krebs.
Wie man seine Baktierenflora saniert und das Mikrobiom wiederherstellt, zeigt Dr. Chutkan anschaulich in ihrem Buch. Dies fängt schon bei der Geburt an – so erläutert die Ärztin, wie der Kaiserschnitt bereits unsere Bakterienflora beinflussen kann und warum Kinder alles in den Mund nehmen. Im Alltag kann jeder diese besondere Flora schützen, sei es durch die richtigen Reinigungs- und Körperpflegemittel, Alternativen zu Antibiotika oder effektive Probiotika und Nahrungsergänzungsmittel. Entscheidend ist auch die Ernährung – „Clean Eating" – mithilfe natürlicher, harmonisierender Nahrungsmittel. Das Buch enthält hierzu viele leckere Rezepte für eine gesunde Darmflora.

ROBIN NIXON POMPA

Allergiefreie Kinder

Wer hat Angst vor Gluten & Co.?

264 Seiten, 19,80

Robin Nixon Pompas revolutionärer Ratgeber hilft Eltern dabei, Allergien bei Kindern vorzubeugen und diese langfristig zu heilen. Auf Basis neuester wissenschaftlicher Erkenntnisse und mit Unterstützung eines Allergieexperten empfiehlt die Autorin, Kinder sanft und kontrolliert zu desensibilisieren, um sie auf lange Sicht gesund zu halten. Ihre Methode ist ein praxiserprobter und bahnbrechend neuer Ansatz! Deshalb finden Sie neben der persönlichen Geschichte der Autorin auch geprüfte Rezepte mit dosierten Allergenen: Gerichte mit Ei, Erdnüssen, Fisch oder Milchprodukten.

Nixon Pompa ist Mutter und Journalistin. Ihre Tochter litt an einer lebensbedrohlichen Allergie und auch ihre Söhne hatten Lebensmittelunverträglichkeiten. Auf der verzweifelten Suche nach Hilfe fand sie den Allergie- und Asthmaspezialisten Dr. Gideon Lack. Sie gab unter Dr. Lacks Aufsicht ihren Kindern in den ersten Lebensjahren regelmäßig dosiert Lebensmittel, auf die die Kinder anfangs reagierten. Das Ergebnis war erstaunlich! Nixon Pompas Tochter ist heute geheilt. Ebenso ihre Söhne.

In Allergiefreie Kinder gibt sie ihre wertvollen Erfahrungen weiter. Die Journalistin erklärt außerdem, wie Nahrungsmittelallergien entstehen und wie Sie diese dauerhaft auflösen und diesen vorbeugen. Der Ratgeber enthält aktuelle Empfehlungen renommierter Gesundheitsinstitute sowie praxiserprobte Tipps, wie Sie im Alltag mit ungeduldigen, rebellischen Vorschulkindern schnelle Gerichte zaubern, die diese gerne essen. Nixon Pompa zeigt Ihnen auch, wie Sie dafür sorgen, dass Ihre Kinder langfristig allergiefrei bleiben. Fangen Sie am besten bereits während der Schwangerschaft damit an! Jedes Kapitel enthält eine Zusammenfassung der wichtigsten Erkenntnisse. Und am Ende finden Sie einen ausführlichen Rezeptteil – mit über 70 einfachen, kindgerechten Speisen. Der Titel des Buches ist Programm! Gut geschrieben, kurzweilig und erschreckend revolutionär.

DR. JOEL FUHRMAN

Gesunde Kids durch Powerfood

Schützen Sie Ihr Kind vor Asthma, Ohrentzündungen, Allergien und vielen weiteren Krankheiten

328 Seiten, 24,80

Dr. Joel Fuhrman stellt in diesem Buch sein nährstoffreiches Ernährungsprogramm speziell für Kinder vor. Es stärkt die Abwehrkräfte von Kindern gegenüber Infektionskrankheiten und kann das Auftreten von chronischen Leiden wie Asthma, Ohrentzündungen und Allergien verhindern. Dr. Fuhrman erklärt, welche Nahrungsmittel Ihre Familie gesund erhalten. Dabei zeigt er, wie die Wahl bestimmter Lebensmittel und der Verzicht auf andere sich positiv auf das körperliche Wohl und die kognitive Leistungsfähigkeit Ihrer Kinder auswirkt.

Neben hilfreichen Tipps, wie Sie Ihren Kindern gesundes Essen beibringen, und Strategien für das Essen außer Haus, enthält es auch leicht zuzubereitende kinderfreundliche Rezepte wie z. B. Gesunde Pommes Frites, Schnelle Pita-Pizza mit Sojakäse, Gemüse-Lasagne oder Bratäpfel mit Cashew-Rosinen-Sahnesauce.

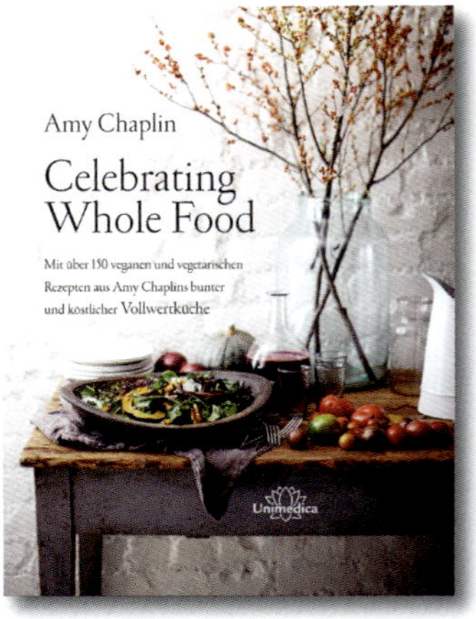

AMY CHAPLIN

Celebrating Whole Food

Mit über 150 veganen und vegetarischen Rezepten aus Amy Chaplins bunter und köstlicher Vollwertküche

408 Seiten, 34,-

Die New-Yorker Star-Köchin Amy Chaplin steht wie keine andere für die raffinierte Vielfalt einer modernen Vollwerternährung. Ihre 20-jährige Erfahrung als Küchenchefin vieler vegetarischer Restaurants auf der ganzen Welt teilt Chaplin heute gerne mit ihren Kunden, zu denen auch Hollywood-Stars gehören. Diesen bringt sie bei, die heimischen Vorratsschränke mit Getreidesorten, Nüssen, Samen, Kräutern und Gewürzen zu füllen und daraus faszinierende Gerichte zuzubereiten.
In dem preisgekrönten Kochbuch Celebrating Whole Food nimmt uns Amy Chaplin in über 150 überwiegend veganen, glutenfreien Rezepten mit auf einen Streifzug durch die facettenreiche Welt der vollwertigen Küche. Von Quinoa-Muffins über feurige Karottensuppe mit Kokosmilch bis hin zu Salat mit gerösteten Kürbisspalten – für ein gesundes, nachhaltiges und unglaublich köstliches Jahr.
Zudem beschäftigt sich Amy eingehend mit den heimischen Vorräten. Sie erklärt z. B. genau, wie man Hülsenfrüchte einweicht und kocht, Sprossen zieht und verschiedene Pflanzendrinks selbst zubereitet. Stürzen Sie sich mit Amy Chaplin in die bunte und reichhaltige Welt der Vollwertküche.

SALLY FALLON

Das Vermächtnis unserer Nahrung

Das freie Kochbuch ohne politisch korrekte Ernährung. Mit der Heilkraft von über 700 zeitlosen Rezepten

544 Seiten, 34,-

Sally Fallon, die bekannte Ernährungsforscherin, vermittelt in ihrem Werk eine überraschende Botschaft: Tierische Fette und Cholesterin sind keine Übeltäter, sondern essenzielle Bestandteile der Ernährung.
Das Vermächtnis unserer Nahrung ist ein Klassiker und wurde in den USA bereits über 600.000-mal verkauft. Sally Fallon wendet sich darin bewusst gegen politisch korrekte Ernährung und empfiehlt naturbelassene Nahrungsmittel wie die oft verpönte Butter, Eier, Rohmilch, Fleisch aus Weidetierhaltung und andere nährstoffreiche Lebensmittel wie die über enorme Heilkraft verfügenden Knochenbrühen.
Das Werk vereint in sich über 700 köstlichen Rezepte, die anspruchsvolle Gourmets und Küchenneulinge überzeugen, die Weisheit unserer Vorfahren vereint mit den neuesten Forschungsergebnissen. Es verrät uns, warum Getreide und Hülsenfrüchte eine spezielle Zubereitung erfordern, um aus ihnen den optimalen Nutzen zu ziehen, wie gesättigte Fettsäuren das Herz schützen und eine ballaststoffreiche und fettarme Ernährung zu Vitamin- und Mineralstoffmangel führen kann.
Sally Fallon geht ein auf Probleme moderner Sojaprodukte, den gesundheitlichen Nutzen von Saucen und Tunken, die richtige Zubereitung von Vollkornprodukten, das Für und Wider von Milchprodukten, einfach zuzubereitende mit Enzymen angereicherte Dips und Getränke sowie eine angemessene Ernährung für Babys und Kinder.

DR. JOEL FUHRMAN

EAT FOR HEALTH

Gesund abnehmen, jünger aussehen, länger leben. Die Verjüngungskur für Körper und Geist

552 Seiten, 24,80

Schlank, gesund und fit bis ins hohe Alter. Das ist das Ziel vieler Menschen, doch wie kann man es erreichen? Dr. Joel Fuhrman, renommierter Arzt und Bestsellerautor, kennt die Antwort: durch die richtige Ernährung, die uns nicht nur hilft, Gewicht zu verlieren, sondern auch Krankheiten vorbeugen und sie sogar bekämpfen kann. Die Ernährungsform, die Fuhrman empfiehlt, hat er im Laufe von 20 Jahren der Forschung stetig weiterentwickelt und immer stärker verfeinert. Kern der Ernährung ist es, dem Körper möglichst viele hochwertige Nährstoffe zur Verfügung zu stellen und gleichzeitig die Dinge wegzulassen, die ihm schaden könnten.

Fuhrman hat in Eat for Health nicht nur 150 köstliche Rezepte zusammengestellt, sondern er gibt dem Leser mit Bewegungstipps und Menüplänen für vier Wochen alles an die Hand, was er braucht, um in ein neues, gesünderes Leben durchzustarten. Die Menüpläne hat der Autor in drei Stufen konzipiert: Stufe 1 für Gesunde, die sich optimal ernähren wollen, Stufe 2 für Menschen mit leichten Gesundheitsproblemen und Stufe 3 für Menschen mit schwereren Erkrankungen. Und auch der Genuss kommt nicht zu kurz. Mit köstlichen Gerichten wie Österreichische Blumenkohlcremesuppe, Kreolische Hühnerbrust mit Spinat, Gemüse-Bohnen-Burrito oder Beeren-Sorbet geht die Ernährungsumstellung ganz leicht von der Hand.

DR. MICHAEL GREGER

HOW NOT TO DIE

Entdecken Sie Nahrungsmittel, die Ihr Leben verlängern und bewiesenermaßen Krankheiten vorbeugen und heilen

512 Seiten, 24,80

Die meisten aller frühzeitigen Todesfälle lassen sich verhindern – und zwar, so überraschend es klingen mag, durch einfache Änderungen der eigenen Lebens- und Ernährungsweise. Dr. Michael Greger, international renommierter Arzt, Ernährungswissenschaftler und Gründer des Online-Informationsportals Nutritionfacts.org, lüftet in seinem weltweit außergewöhnlich erfolgreichen Beststeller das am besten gehütete Geheimnis der Medizin: Wenn die Grundbedingungen stimmen, kann sich der menschliche Körper selbst heilen.

In How Not To Die analysiert Greger die häufigsten 15 Todesursachen der westlichen Welt, zu denen z. B. Herzerkrankungen, Krebs, Diabetes, Bluthochdruck und Parkinson zählen, und erläutert auf Basis der neuesten wissenschaftlichen Forschungsergebnisse, wie diese verhindert, in ihrer Entstehung aufgehalten oder sogar rückgängig gemacht werden können. Darüber hinaus erklärt er auf verständliche und enorm fesselnde, aber stets wissenschaftlich fundierte Weise, welche Lebensmittel besonders wertvoll und gesund für die verschiedenen Organe und Funktionen des menschlichen Körpers sind, und wie diese am besten kombiniert und verzehrt werden können. Sein „Tägliches Dutzend" fasst in einer so übersichtlichen wie praktischen Checkliste alle die Lebensmittel zusammen, die eine optimale Gesundheit unterstützen.